KB074730

나쁜 감정의 법칙

일러두기

1. 이 책은 《하버드 감정 수업》(와이즈맵, 2019)의 개정판 도서입니다.
2. 달러 단위는 1,300원으로 환산하여 표기했습니다.

나쁜 감정의 법칙

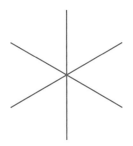

6가지 감정 독소를 물리치는 하버드 심리학 수업

SIX NEGATIVE
EMOTIONS

쉬셴장 지음 ㅣ 송은진 옮김

와이즈맵

하버드는 왜 감정을
연구하고 가르치는가

하버드는 대통령 8명, 노벨상 수상자 150여 명, 수많은 CEO를 배출한 세계 1위 명문대학이다. 프랭클린 루스벨트, 존 케네디, 버락 오바마, 빌 게이츠, 마크 저커버그 등 이름만 대면 누구나 아는 유명인들도 하버드에서 감정 조절의 중요성과 그 방법을 배웠다.

하버드 심리학과 연구에 따르면 성취, 명예, 부를 만드는 요소 중 80퍼센트는 감정과 이어지며 지식이나 실력의 비중은 15퍼센트에 불과하다고 한다. 감정조절능력이 우리 마음뿐만 아니라 일과 성공, 일상은 물론 인간관계에도 큰 영향을 미친다는 말이다.

하버드에서는 학생을 성적만으로 평가하지 않는다. 하버드에서 능력과 자질을 가늠하는 기준은 '타인의 존중을 얻을 만한 요소를 갖췄는가?'다. 이런 환경에서 공부한 하버드 학생들은 졸업 후 사회에 진출하면 지식이 아니라 감정조절능력으로 사람들을 끌어당긴다. 치열한 경쟁 속에 급변하는 현대사회에서 감정조절 능력은 반드시 갖춰야 할 핵심 역량이자 강력한 무기다.

이 책 《나쁜 감정의 법칙》은 성공을 거두는 과정에서 감정조절능력이 특별한 역할을 한다는 사실을 알리고자 세상에 나왔다. 책에 등장하는 다양한 성공 사례와 이야기는 독자로 하여금 감정의 중요성을 일깨우고, 6가지 감정 독소를 물리치는 방법을 알려준다.

감정조절능력은 처음부터 타고나거나 변치 않는 힘이 아니다. 훈련과 노력으로 지식을 쌓듯 감정조절능력도 기를 수 있다. 이 책은 독자들이 나쁜 감정을 다스리고 좋은 감정을 받아들이며 일과 생활에서 감정조절능력을 발휘하도록 돕는다. 독자들은 세계 1위 명문대학 하버드에서 어떤 감정 교육이 이뤄지는지, 그 교육이 학생들에게 어떤 영향을 미치는지 배우게 될 것이다.

또한 이 책은 감정조절능력을 기르려면 스스로 감정을 인지하고 이해하는 데부터 시작해야 한다고 강조한다. 그 후 단계에 따라 잠재능력을 발굴하고 감정조절능력을 길러야 인간관계, 가정, 사랑, 사업 등 모든 분야에서 능력을 충분히 발휘할 수 있다. 감정을 이해하고 삶 곳곳에서 다루는 법을 배운 사람은 나쁜 감정에 끌려다니지 않는다. 내면의 좋은 감정을 키우고 따라가다 보면 꿈꾸던 미래와 성공을 거머쥐게 된다.

당신이 리더라면 존경과 지지를 한몸에 받을 테고, 부모라면 아이를 올바른 방향으로 인도할 수 있다. 인생의 낭판 앞에서 쓴맛을 보며 간절한 마음으로 출구를 찾는다면 곧 새로운 희망을 만날 것이다. 언제나 더 나은 사람이 되고 행복하려고 애쓰자. 현명하게 일하고 이성에 따라 생각하며 타인에게도 좋은 영향을 미치는 모습이야말로 이 책에서 말하는 바람직한 인간상이다.

하나라도 더 많은 이가 이 책을 읽고 아름답게 살기를 바란다. 여러분이 감정을 다스리고 성숙한 자아를 이끌어가며 꿈에 한 발 더 다가가기를 간절히 기도한다.

OT

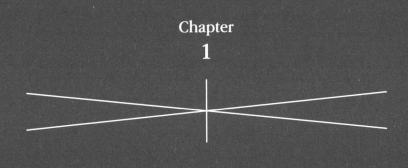

Chapter
1

OT

하버드가 제시하는 감정의 8원칙

Harvard
Message

하버드대학은 감정조절능력을 기르려면 개개인 특성에 초점을 맞춰 오래 묵은 습관을 버리고 새로운 행동양식을 세워야한다고 강조했다. 하버드 심리학자들은 최근 몇 년 사이 다양한 관점과 방면으로 감정을 연구하고 분석했다. 그리고 감정이 어느 정도 유전의 영향을 받기는 하지만 후천적 훈련도 그에 못지않게 중요하다는 결론을 내렸다. 이 장에서는 하버드심리학자들이 감정을 어떤 시각에서 바라보고 해석하는지 살펴보자.

감정이 우리
행동을 지배한다

하버드대학 교수이자 저명한 심리학자 다니엘 골먼은 감성이 미래를 결정한다는 이론을 처음으로 제시했다. 그는 성공이 20퍼센트의 지적능력과 80퍼센트의 감성지능으로 결정된다고 봤다. 이 주장은 감성시대의 이론적 토대가 됐고, 감성지능을 기르고 감정조절능력을 연마하는 EQ 열풍으로 이어졌다.

10년 전 리처드는 자동차정비공장에서 일하는 평범한 정비사에 불과했다. 가슴에 늘 큰 뜻을 품었지만 처한 환경과 이상의 차이가 너무나 컸다. 어느 날 한가롭게 신문을 뒤적이던 그는 한 채용 공고를 찾았다. 휴스턴에 있는 한 비행기제조회사에서 인력을 찾고 있었다. 그 순간 리처드는 이직에 도전하기로 마음먹었다. 행운의 여신이 함께하기를 간절히 바라며 휴스턴에 도착하자 이미 해가 넘어졌다. 면접은 다음 날이었기에 모텔에서 하룻밤 묵기로 했다.

저녁 식사 후 숙소에 혼자 남은 리처드는 깊은 생각에 빠져 지나온 인생을 돌아봤다. 오랫동안 아름다운 미래를 꿈꿨지만 녹록지 않았던 현실이 떠오르자 괜스레 우울해져 풀이 죽었다.

'머리가 나쁜 것도 아닌데 왜 운이 따라주지 않을까?' 리처드는 종이와 펜을 꺼내 오랜 친구들의 이름을 쭉 써 내려갔다. 그중에는 고급 주택을 가진 이가 여럿이었고 성공해서 대도시로 떠난 이도 둘이나 됐다. 자신은 이들에 비해 어디 하나 나은 데가 없었다. 지능과 재능으로 따지면 자기보다 훨씬 못한 친구들인데도 말이다.

리처드는 이리저리 생각을 거듭한 끝에 친구들과 자신의 가장 큰 차이점을 알아차렸다. 그의 행동은 늘 '감정'에 지배당했다는 사실이었다. 생각이 거기까지 미치자 모든 게 명확해지면서 난생처음 자기 결점이 눈에 들어왔다. 매사에 너무 성급했고, 문제 앞에서 침착하지 못했고, 왠지 모를 열등감에 휩싸이곤 했다.

밤새도록 분석을 거듭하자 필요 이상으로 스스로를 깎아내리며 하루하루 되는 대로 살아왔다는 생각이 들었다. 동이 틀 때쯤 철저한 자기분석도 마무리됐다. 그는 자신이 남보다 못하다는 생각을 버리고 최선을 다해 감정을 조절함으로써 새로운 자아를 만들겠다고 마음먹었다.

세수를 하고 나니 오랜만에 홀가분한 느낌이 들었다. 자신감에

차 면접장에 도착한 그는 잠재능력을 십분 발휘해 순조롭게 이직에 성공했다. 눈 깜짝할 사이 10년이 흘렀다. 그동안 리처드는 몸담은 조직과 업계에서 명성을 쌓았고 승진을 거듭하며 회사를 이끄는 핵심 인사로 성장했다.

당신은 아직 감정의 힘을 알아차리지 못했을지도 모른다. 감정의 힘은 꿈을 이루려고 애쓰는 당신을 격려할 수도, 커다란 상처를 극복하도록 도울 수도 있다. 동시에 별것 아닌 일로 좌절해 옴짝달싹하지 못하게 붙잡을 수도 있다. 삶은 커다란 즐거움을 주기도 하지만 때로는 예상치 못한 고통을 안겨준다. 다행히 우리는 감정을 조절해 원하는 삶을 만들고 스스로 운명을 바꿀 수 있다.

나쁜 감정이 당신을 지배하려 들 때 휘둘려선 안 된다. 불쾌한 감정이 이어지도록 내버려두거나 자신에게는 운명을 바꿀 만한 열정과 용기가 없다고 낙담해서는 더더욱 안 된다. 하지만 안타깝게도 감정을 완벽하게 조절할 수는 없다.

누구나 살다 보면 일이 뜻대로 풀리지 않을 때가 있다. 슬픔과 좌절도 빼놓을 수 없는 삶의 일부분이다. 하지만 감정조절능력을 충분히 기른 사람은 돌발상황 앞에서 쉽게 무너지지 않는다. 또 아무리 기쁜 일이 생겨도 이성을 잃지 않는다. 이 또한 잘 조절된 감정이 그를 올바른 방향으로 이끌기 때문이다.

감정이 균형을 이루면 힘이 샘솟는다. 감정의 균형을 잡으면 나쁜 감정의 영향을 피하고 어떤 상황에도 만족할 수 있다. 열심히 일할 힘과 남을 배려하는 여유도 안정된 감정에서 나온다. 이때는 낙관하는 시선으로 미래를 바라보고 과거를 담담하게 대한다. 또 자기 상황에 만족하고 평정을 이어가면서 모든 일을 대하는 만큼 긍정적이고 열정 넘치는 모습이 나타난다.

이게 바로 '좋은 감정'의 힘이다. 이 힘은 당신이 삶에 감사하고 뛰어난 재능을 발휘하며 언제나 좋은 일이 생기리라 믿게 한다. 또 눈앞에 놓인 문제를 피하지 않고 정면으로 부딪칠 용기를 준다. 당신은 스스로 세상에 이바지하는 사람이 되기를 바라며 내면은 긍정적이고 적극적인 생각으로 가득 찰 것이다.

반대로 감정의 균형이 깨지면 어쩔 수 없는 나쁜 일만 눈에 들어온다. 운명은 늘 불공평하며 삶은 언제나 고통스럽게 느껴진다. 물론 실제는 그렇지 않다. 이는 나쁜 감정이 당신의 시야를 가리기 때문이다. 나쁜 감정이 정도를 넘어서면 사소한 일에 필요 이상으로 감정을 폭발시키기도 한다. 이때는 극심한 스트레스와 두려움으로 소심한 생각과 나쁜 감정에 휩싸이게 된다.

우리 감정이 사고방식과 행동을 결정한다. 감정과 사고방식, 행동이라는 3요소는 서로 영향을 주고받는다. 이 중 가장 강력한 힘은 역시 '감정'이다. 우리 사고방식과 행동은 감정이 이끄는 대로 끊임없이 뒤바뀐다. 좋은 감정이 주를 이루면 모든 일을 좋게 생각하고 적극적으로 행동한다. 반면 나쁜 감정이 주를 이루면 모든 일을 나쁘게 생각하고, 운명에 휘둘려도 어쩔 수 없다고 낙심한다.

따라서 각자 상황에 맞는 감정으로 자신을 드러낼 줄 알아야 한다. 가령 치열한 경쟁에 처했다면 강한 의지와 자신감으로 무장하고 최선을 다해야 한다. 반면 사적 공간에 있을 때는 편안한 마음으로 안정감을 느껴야 한다. 배우자나 친구와 함께할 때는 부드럽고 따뜻한 마음을 드러내 상대방이 관심과 사랑을 느끼게 해야 한다. 상황에 따른 감정 변화의 필요성을 이해하면 감정을 능숙하게 조절할 수 있다. 상황에 맞는 감정은 우리 행동을 더욱 적절하게 바꿀 것이다.

- 2원칙 -

감정 폭발은
예방할 수 있다

　미국의 심리학자 겸 철학자 에이브러햄 매슬로는 건강에 3가지 조건이 있다고 주장했다. 이상과 현실이 들어맞고, 충분한 안정감을 느끼며, 인간관계에서 즐거움을 얻어야 비로소 건강하다고 본다는 말이다. 세계보건기구 WHO는 '건강'이란 단순히 질병이 없는 게 아니라 '신체적, 정신적, 사회적으로 안정된 상태'라고 정의했다. 감정이야말로 개인의 건강 여부를 판가름하는 핵심 기준이라는 뜻이다. 만약 나쁜 감정에 휩싸여 감정 폭발로 치닫는다면 몸과 마음이 건강하다고 보기 어렵다.

　현대심리학은 기본 감정을 9가지로 구분한다. 기쁨, 흥미, 놀람, 분노, 슬픔, 공포, 불쾌, 혐오, 수치다. 기쁨과 흥미는 긍정적 반응, 놀람은 중간 반응이고 나머지 6가지는 부정적 반응이다. 좋은 감정보다 나쁜 감정에 휩싸일 확률이 더 높다는 말이다.

이렇다 보니 사람들은 자기도 모르게 나쁜 감정에 빠지곤 한다. 이런 나쁜 감정을 마주할 때 적절히 해소하는 방법을 모르면 혼란에 빠질 수밖에 없다. 혼란에 빠지면 진정한 자아를 온전히 드러내지 못하고, 심하면 온갖 심리 문제를 일으킬 수도 있다. 이는 아주 무서운 이야기다. 나쁜 감정의 지배 아래 놓이면 좋은 감정, 즉 기쁨과 행복을 느낄 기회가 줄고 결국 나쁜 감정의 늪에 빠지기 때문이다.

몸과 마음을 건강하게 지키려면 반드시 감정 폭발을 피해야 한다. 자기 자신을 최대한 좋은 감정 아래 두고 그 효과를 누리자. 좋은 감정은 당신을 열정과 용기가 넘치며 친절하고 따뜻한 사람으로 만든다. 반면 나쁜 감정은 당신을 서서히 압박해 고통에 몸부림치게 할 것이다.

아리스토텔레스는 이렇게 말했다. "삶의 본질은 쾌락 추구다. 삶을 즐겁게 만드는 방법은 2가지다. 하나는 유한한 삶에서 끊임없이 쾌락을 찾는 것이고, 다른 하나는 즐겁지 않은 순간을 최대한 줄이는 것이다." 감정 폭발을 완벽하게 다루기란 참으로 어렵지만 반드시 해내야만 한다.

나쁜 감정을 인정하자. 슬프거나 괴로울 때는 한번 크게 울면서 내면의 고통을 쏟아내자. 화가 날 때는 당신을 화나게 한 사람이나 일에서 즉각 멀어져야 한다. 재빨리 다른 일에 집중하면서 분노를 잠재우고 마음을 서서히 가라앉히는 게 좋다.

나쁜 감정이 느껴질 때는 많이 웃고 떠드는 데 힘써보자. 나쁜 감성을 삼재우고 싶다면 그 존재부터 인정해야 한다. 그 후에 왜 나쁜 감정이 생겼는지 세심히 분석해보자. 그러면 왜 그렇게 화가 났는지 분명히 알고, 그렇게까지 화낼 일이었는지 생각하게 될 것이다. 화낼 가치가 없는 일이라고 여기면 나쁜 감정도 자연스레 사라진다. 그러나 아무리 생각해도 화가 수그러들지 않는다면 적절한 해결책이나 수단을 찾아야 한다.

예를 들어 스스로 어떤 일을 해낼 능력이 부족한 것 같아서 짜증이 났다면, 적극적으로 능력을 기르는 것이 유일한 해법이다. 모든 힘을 모아 괜한 걱정을 줄이고 새로운 지식을 받아들이면서 일을 해치울 때까지 계속 시도한다면 나쁜 감정 해소에 한 걸음 나아가게 될 것이다.

이제 나쁜 감정을 좋은 감정으로 바꾸자. 보통 감정을 강하게 자극하는 일은 개인의 이익과 밀접한 관계가 있다. 이 관계를 완전히 무시하기는 어렵지만 스스로 생각의 흐름을 바꿀 수는 있다. 쉽게 말해 좀 더 즐겁고 의미 있는 쪽으로 생각을 돌려 감정을 조절하는 방식이다. 다른 이를 돕거나 친구와 가벼운 대화를 나눌 수도 있고 평소 보고 싶었던 책을 읽어도 좋다.

공허하고 답답한 마음, 무기력한 상태로는 감정을 조절할 수 없다. 그러므로 나쁜 감정이 느껴지는 순간, 그 힘을 얼른 가져다가 다른 일에 쓰자. 그러면 나쁜 감정도 자연히 사라질 것이다. 구체적인 방법은 다음과 같다.

첫째, 자기격려다. 나보다 앞서 성공한 이의 생각과 철학으로 스스로 위로하고 나를 괴롭히는 역경과 싸워 이길 수 있다고 격려해보자. 이 간단한 방법은 새로운 힘을 주고 고통 속에서 다시 일어나도록 도울 것이다.

둘째, 언어 암시다. 나쁜 감정이 느껴지거나 분노가 치미는 순간 이렇게 말하는 방식이다. "화를 내봤자 결국 나만 다칠 뿐이야!" 생각만 하기보다 입으로 말하는 편이 긴장을 완화하고 감정을 조절하는 데 훨씬 좋다. 차분하게 마음을 가라앉히고 집중하면서 자신에게 말을 건네자. 나쁜 감정을 없애고 복잡한 마음을 깨끗이 비우는 데 큰 도움이 될 것이다.

셋째, 타인의 도움이다. 나쁜 감정을 혼자 감당하지 못하겠다면 남의 도움을 받는 게 좋다. 믿을 만한 사람에게 자기 상황을 알리고 조언을 듣기만 해도 나쁜 감정을 떨칠 수 있다.

– 3원칙 –

지나친 감정이
극한상황을 부른다

하버드대학에서 심장질환자 1,600명을 대상으로 한 조사에 따르면 피조사자 상당수가 매우 심한 초조와 우울감에 시달렸다. 이런 감정 과잉 탓에 그들 심장은 일반인보다 쇠약해졌고, 이에 따른 감정 악순환이 이어졌다. 그들은 결국 감정 과잉이 불러오는 또 다른 나쁜 감정을 감당하지 못한 탓에 감정의 노예로 전락하고 말았다.

이른바 '감정화Emotionalization'란 어떤 일이나 사람에게서 영향을 받고 그 결과인 과도한 희로애락에 따라 행동하는 것이다. 주로 금세 흥분하거나 화를 내는 형태로 드러나며 행동의 결과를 생각하지 못하는 경우가 많다. 쉽게 말해 충동에 휘둘린다는 뜻이다. 이런 충동은 파괴력이 큰 만큼 평생 후회할 결과를 초래할 때도 있다.

1963년 무더운 여름날 오후, 찰리 루버스는 인생 마지막 한탕을 시도했다. 헤로인 중독자인 그는 절도죄로 여러 차례 구속된 경력이 있었고 그때도 가석방 기간이었다. 판사에게는 새로운 인생을 살겠다고 약속했지만 아내와 아이들을 먹여 살리려면 당장 돈이 필요했다.

그날 그가 도둑질하러 들어간 집에는 두 여자가 함께 살았다. 잡지사 직원 제니스와 초등학교 교사 에밀리였다. 루버스는 모두 출근해 집이 비었으리라 생각하고 이 집을 범행 대상으로 골랐다. 하지만 하필이면 제니스가 쉬는 날이었다. 제니스와 마주치고 당황한 루버스는 그녀를 칼로 위협해 결박했다. 급히 집 안을 뒤져 돈이 될 만한 물건들을 쓸어 담고 나가려는 순간, 이번에는 에밀리가 문을 열고 들어왔다. 놀란 루버스는 에밀리도 한쪽으로 몰아세워 결박했다.

몇 년 후 루버스는 자신이 '감정화'된 그 순간을 떠올렸다. 마치 어제 생긴 일처럼 모든 게 생생했다. 결박당한 제니스는 분을 참지 못하고 루버스에게 고래고래 소리쳤다. 그의 얼굴을 잘 봐뒀고, 절대 잊지 않으리라고, 경찰에 신고해 반드시 죗값을 치르게 하겠다고 말이다. 이번 도둑질을 마지막으로 손을 씻으려던 루버스는 그 말을 듣고 분노와 불안에 휩싸여 이성을 잃었다. 그는 감정을 제어하지 못해 유리병으로 제니스와 에밀리의 머리를 내리치고 결국에는 칼로 찔러 죽였다.

커리어우먼 강도 사건이라고 불리는 이 사례는 사회에 큰 충격을 쳤다. 감옥에서 보내는 30년 동안 루버스는 매 순간 후회했다. "그때 나는 제정신이 아니었습니다. 머리가 폭발한 것 같았죠!" 루버스와 제니스는 '감정화' 탓에 크나큰 대가를 치렀다. 참혹한 사건이 벌어진 그 순간, 두 사람 모두 분명히 후회했을 것이다.

감정이 몰아치면 눈에 보이는 게 없어지는 사람이 있다. 입에 서 나오는 대로 아무 말이나 내뱉어 상대방에게 상처를 주고, 심 각한 범죄를 저지르기도 한다. 이 모든 게 과도하게 감정화된 탓 이다. 다음은 '감정화 행위'의 특징이다.

① 비이성과 비논리

인간과 다른 동물 사이 가장 큰 차이점은 '이성적 행위'에 있다. 이성적 행위란 계획과 목적을 갖는 의식적인 행위를 뜻한다. 그 러나 어떤 이유로든 감정화에 휘둘리면 격한 감정이 이성을 짓누 르는 탓에 감정에 따라 움직이게 된다. 이때는 스스로 생각하는 능력을 잃어버리고 미성숙한 언행을 일삼는다. 또 겉모습만 보고 남을 쉽게 믿거나 의지한다.

② 충동성

인간의 행위는 본래 의지와 의식의 조절과 지배에 따른다. 그 러나 감정이 격해지면 의지와 의식의 힘이 급격히 약해지고 충동 적인 면이 드러난다. 조금이라도 못마땅한 일이 생기면 잔뜩 부푼

풍선처럼 극도로 흥분하다가 결국 폭발하는 식이다. 이처럼 과도한 감정이 실린 행위는 언뜻 힘이 넘치는 것처럼 보이지만, 실제로는 그리 오래 이어지지 못하기 때문에 아무 효과도 일으키지 않는다. 고조된 감정을 한 번 크게 터뜨리고 나면 그걸로 끝이다. 충동에 휘둘리는 행위는 문제를 해결하기는커녕 심각한 파괴만 일으킨다.

③ 상황성

상황성이란 어떤 특수한 상황에서만 감정화 징후가 나타나는 특성이다. 사람들은 보통 자기 이익과 이어지는 자극에 민감하고 예민하게 반응하며 그에 따라 감정이 좌우된다. 수요를 만족하면 즐겁고 행복하지만, 불만족하면 과도한 분노를 쏟아내는 식이다. 자기 수요를 만족할 방법이 없다는 걸 깨닫는 순간 자기도 모르게 저 밑바닥에 깔린 원시적이고 이기적인 내면을 드러내곤 한다. 이런 상황에서 누군가 계략을 꾸미거나 함정을 파고 접근하면 과도하게 감정화된 사람은 어김없이 걸려든다.

④ 다변성과 불안정성

원래 모든 행위에는 어느 정도 편향이 있고 시간이 흐르면서 안정되게 자리 잡는다. 그러나 감정화 행위는 시시각각 변화하고 늘 불안정해서 희로애락의 감정을 도무지 종잡을 수 없다.

⑤ 공격성

과하게 감정화된 사람은 실패나 좌절을 견디지 못한다. 그래서 끓어오르는 분노를 주체하지 못하고 크게 드러내며 타인을 공격한다. 물리력을 쓰기보다는 언어나 표정으로 공격성을 드러낼 때가 많다. 예를 들어 아닌 척하면서 타인을 비웃고 괴롭히거나 일부러 망신을 주는 식이다.

이상 5가지 특징은 행위자가 이성과 지성을 잃고 감정적으로 미숙하게 만들어 개인뿐만 아니라 사회를 불안정하게 하는 요인이다. 감정화 행위를 제어하고 싶다면 감정의 약점을 찾아라. 누구에게나 강점과 약점이 있다. 이를 정확히 파악해서 강점을 드러내고 약점을 숨길 수 있다면 감정을 조절하는 데 이보다 좋을 수 없다. 이렇게 하면 약점에도 점차 이성과 논리가 쌓이고 감정화 빈도를 현저히 낮출 수 있다.

감정화는 욕망을 이루지 못하는 상황과 깊게 이어진다. 욕망과 행위가 합쳐지면 행위가 단순하고 뻔해지며 생각도 짧아진다. 적게 뿌리고 많이 거두려는 잘못된 욕망을 추구하는 사람이 감정화를 일삼는 상황은 어찌 보면 당연하다. 그러므로 너무 높은 기대감은 낮추고 뿌린 만큼 거둔다는 이치를 받아들이자. 자기 욕망을 이성적으로 인식하고 조절할 줄 알아야 잘못된 감정화를 피할 수 있다.

감정화 행위 중 상당수는 문제를 정확히 보지 못하고, 인간관계에서 생기는 온갖 갈등을 다루지 못해서 일어난다. 문제를 인식하는 법을 배워 극단으로 치닫는 상황을 피해야 한다. 부분으로 전체를 평가하는 짧은 생각을 버리고 나무가 아닌 숲을 보는 법을 배워 문제의 핵심을 파악하자. 이에 더불어 사물의 밝고 좋은 면을 더 많이 바라본다면 어려움을 극복할 용기와 자신감이 생길 것이다.

난관에 봉착하면 나쁜 감정이 생기기 쉽다. 이 감정을 제때 해소하지 못하고 오랜 기간 쌓아두면 느닷없는 감정화가 벌어질 수 있다. 현실을 인정하고 어려움을 받아들이는 한편, 불만을 해소하는 법을 배워야 고통에서 벗어날 수 있다.

긍정적인 생각으로
감정을 제어하라

감정 조절을 못 하는 사람은 개인 생활이나 인간관계에서도 잘할 수 없다. 단언컨대 감정을 조절할 줄 알아야 제대로 살 수 있다. 감정 조절이나 자제력 따위는 별것 아니라며 무시하는 사람은 더 나은 삶을 바라기보다 순간순간 닥치는 대로 살아갈 뿐이다. 이들은 삶 곳곳에 숨은 성공의 기회를 허무하게 날려버리면서 그런 기회가 있었는지도 모르고 넘어간다.

작가 오 헨리가 친구와 함께 상점에서 간식거리를 샀다. 계산을 마친 오 헨리는 "감사합니다"라고 인사했지만 점원은 뚱한 표정으로 끝까지 한마디도 하지 않았다. 가게를 나서자마자 친구가 점원을 헐뜯었다.

"정말 불친절하군. 손님을 대하는 태도가 저러면 안 되지!"

"저 사람은 항상 저렇다네." 오 헨리가 어깨를 으쓱하며 별일 아니라는 듯 대답하자 친구는 깜짝 놀라 물었다.

"그럼 자네는 그걸 알면서도 예의 바르게 인사했다는 말인가?"

"저 사람 기분에 나까지 휘둘릴 필요는 없지 않나."

행동과 감정은 남에게 영향을 받기도 한다. 하지만 그렇다고 남이 내 감정을 좌우하도록 내버려둬서는 안 된다. 남에게 지배당하기 시작하면 주어진 일을 제대로 처리하지 못하고 늘 화를 내거나 불평만 늘어놓는 사람이 된다. 성숙한 사람은 자기 행동과 감정을 수시로 점검하고 적절히 조절할 줄 안다. 이들은 남이 자신을 기쁘고 행복하게 만들어주기를 바라지 않으며, 반대로 남에게 기쁨과 행복을 주는 사람이 되고자 한다.

하버드 심리학과는 수많은 위인의 삶을 연구한 결과 이들 모두 감정을 조절하는 데 탁월했다고 결론지었다. 한 교수는 이렇게 지적했다. "사람들은 보통 남의 단점을 까발리려고 하죠. 이건 아주 형편없는 짓입니다. 자기 자신도 제어하지 못하면서 무슨 권리로 남을 평가하려는 겁니까?" 확실한 건 스스로를 제어하지 못하는 사람은 평생 남에게 헛된 기대를 품으며 허우적대다가 서서히 자아를 잃는다는 사실이다.

일상에서 감정 조절 훈련을 위해 벽에 다양한 격언을 붙여두고 수시로 읽는 사람이 있다. 이런 글은 감정 과잉이나 불안정한 상태일 때 큰 도움이 된다. 머리맡, 책상 위, 벽처럼 잘 보이는 곳에

도움이 될 만한 좋은 문구를 붙여놓고 마음이 끓어오를 때 천천히 읽으며 감정을 조절해보자.

심리학자들은 감정이 폭발하려고 하면 얼른 다른 곳으로 주의를 돌리라고 조언한다. 속상하고 답답하면 더는 그 일을 생각하지 말고 다른 일을 하자. 음악을 듣거나 텔레비전을 봐도 좋고, 행복하고 즐거웠던 때를 떠올려도 괜찮다. 그러면 좋은 감정이 점점 커져서 나쁜 감정을 덮어줄 것이다.

인간은 스스로 감정을 인식하고 조절할 수 있다. 현명한 사람들은 감정이 어떻게 변하는지, 이 변화로 어떤 결과가 나올지 예상하고 통제할 줄 안다. 설령 감정이 폭발하더라도 그 즉시 잘못을 깨닫고 빠르게 냉정을 되찾는다. 그리고 이성의 힘을 빌려 화를 누그러뜨린다. 이렇게 하면 거친 언어로 상대를 모욕하거나 폭력을 행사하는 상황을 피할 수 있다. 스스로 감정을 인식하고 통제하는 법을 익히는 것이야말로 감정 조절 훈련의 핵심이다.

종종 남과 갈등을 빚거나 불만, 질투, 적대 같은 나쁜 감정이 들기도 한다. 이때는 상대방 입장으로 자기 행동을 생각해보자. 그러면 그가 한 말과 행동이 어느 정도 이해되고 생각에도 변화가 생길 것이다. 물론 나쁜 감정도 손쉽게 줄일 수 있다.

감정, 특히 나쁜 감정은 대개 외부 자극에 따른 두뇌 반응에서 비롯된다. 그러므로 기분이 나쁘다 싶으면 그 즉시 좋은 감정을 일으킬 만한 새로운 자극을 찾아야 한다. 다음은 감정이 상했을 때 할 수 있는 별난 행동들이다.

- 스트레스를 받거나 화가 나면 가짜 미소를 지어보자. 우스꽝 스러울지도 모르지만 나쁜 감정을 개선하는 데 효과가 크다.

- 어지른 방이나 사무실을 정리하자. 단순한 정리 작업에 열중 하다 보면 나쁜 감정이 절로 사라진다.

- 파란색은 신경안정제 역할을 한다. 기분이 나쁠 때 파랑 계 열 옷을 입으면 기분이 한결 나아진다. 반대로 주황색은 자 극을 극대화하고, 검은색은 화를 더 키우며, 빨간색은 불안 심리를 일으키기 쉬우니 조심하자.

- 노래를 흥얼거리는 것도 좋은 방법이다. 노래는 감정을 개선 하기 가장 쉬운 방법이다. 노래를 부르면서 호흡을 조절하 고 리듬에 맞춰 몸을 움직여도 좋다. 소리 내 부르기 어려운 상황이라면 조용히 음악을 듣기만 해도 몸과 마음 모두 진정 된다.

- 상상도 못 한 새로운 조합으로 식사해보자. 쓴맛과 단맛처럼 서로 어울리지 않거나 식감이 전혀 다른 음식을 함께 먹으면 색다른 기분을 느끼는 동시에 감정도 조절할 수 있다.

- 레몬 향은 혈액 속 아드레날린 농도를 올려 심신 안정과 통 증 억제에 큰 효과가 있다.

- 반려동물과 보내는 시간을 늘리면 스트레스가 해소되고 마 음이 편해진다. 반려동물은 혈압과 심장질환 발병 확률을 낮 춰주는 고마운 친구다.

- 5원칙 -

좋은 감정은
전염된다

감정이 마치 강력한 바이러스처럼 사방으로 퍼진다는 느낌을 받은 적 있는가? 감정은 그 사람의 표정, 말, 자세 등으로 다양한 정보를 전달한다. 그 과정에서 자기도 모르게 남의 감정에도 영향을 미치는데, 심리학에서는 이를 '감정 전염'이라고 한다.

한 사장이 아침에 깨어나 늦잠이라는 걸 알고는 깜짝 놀랐다. 그는 급히 차를 몰고 회사로 가면서 여러 차례 신호를 위반하고 결국 교통경찰에게 붙잡혀 범칙금을 냈다.

안 그래도 늦었는데 길에서 시간을 허비하는 바람에 지각이 확실해졌다. 사무실에 들어가 앉는 순간, 사장은 꾹 누르던 화를 참지 못했다. 어제 퇴근하면서 비서에게 부치라고 지시한 우편물들이 책상에 그대로 있었기 때문이다. 그는 날카로운 목소리로 비서를 불러 오만상을 하고 소리쳤다.

사장에게 모욕당한 비서는 수치심마저 느꼈다. 그녀는 우편물을 들고 내려가 부하 직원에게 똑같이 소리쳤다. "내가 잊었다 싶으면 한마디 해줬어야지! 눈치껏 도와줄 수는 없어?"

이른 아침부터 상사에게 한소리 들은 부하 직원은 속이 부글부글 끓어올랐다. 그래서 회사에서 가장 직급이 낮은 청소 직원에게 달려가 요즘 청소 상태가 엉망이라며 다짜고짜 쏘아붙였다.

생트집을 잡힌 청소 직원은 속상하고 자존심도 상했지만 아랫사람이 없으니 화풀이할 데가 마땅치 않았다. 그는 결국 울분을 품고 퇴근했다. 집에 들어서니 올해 중학교에 들어간 아들이 소파에 앉아 텔레비전을 보고 있었다. 거실 바닥에는 아들이 던져놓은 옷, 가방, 과자 부스러기가 널려 있었다. 드디어 화풀이 대상을 찾은 그는 아들을 세워두고 눈물이 쏙 빠지게 혼냈다.

그 바람에 좋아하는 만화영화를 못 보게 된 아들은 화가 나 씩씩거리며 방으로 들어갔다. 그는 고양이가 책상 밑에 엎드려 있는 걸 보고 당장 나가라고 소리치며 발길질했다.

이 불쌍한 고양이는 아들의 발길질에 깜짝 놀라 나동그라졌다. 고양이는 아무리 생각해봐도 이해할 수 없었다. 대체 내가 뭘 잘못했지?

현실에서 흔히 일어나는 걷어차인 고양이 효과 Kick the Cat Effect 다. 이는 불만, 분노, 신경질, 짜증 같은 감정이 인간관계를 타고 계속

퍼지면서 감정연결망이 만들어지는 현상을 가리킨다. 이 이론은 좋은 감정에도 똑같이 적용된다.

하버드대학 니컬러스 크리스태키스 교수와 캘리포니아대학 제임스 파울러 교수는 감정 생성과 전이 과정을 밝히고자 '행복 확산 실험'을 준비했다. 연구진은 이 실험으로 좋은 감정이 주변 사람에게 전해진다는 사실을 확인했다. 실험 결과 누군가가 행복을 느끼면 그 가족이나 친구도 행복을 느낄 확률이 각각 14퍼센트와 9퍼센트, 룸메이트나 이웃이 행복을 느낄 확률은 각각 8퍼센트와 3.4퍼센트 올랐다.

또한 인간관계를 타고 퍼지는 행복은 최대 1년까지 이어지며 세 집단으로 전해질 수 있었다. 이를 토대로 추산할 때 행복한 사람이 친구의 친구의 친구까지 행복하게 만들 확률은 5.6퍼센트였다. 650만 원이 행복감을 2퍼센트 올린다는 연구 결과와 비교하면 타인의 행복이 650만 원보다 훨씬 값지다고 볼 수 있다.

크리스태키스와 파울러는 연구 끝에 행복이란 한 사람에서 그치지 않으며 본인의 행동이나 생각보다도 다른 사람, 심지어 잘 알지도 못하는 남의 영향으로 정해진다고 결론지었다.

아울러 이 연구는 나쁜 감정이 좋은 감정보다 전염성이 훨씬 강하다는 점도 증명했다. 걱정이 끊이지 않고 늘 한숨만 쉬는 사람과 종일 함께 있으면 쾌활하고 명랑한 사람도 금세 우울해진다. 특히 공감능력이 뛰어난 사람은 감정이 예민한 탓에 나쁜 감정에 전염될 확률이 높다. 따라서 우리는 일과 생활에서 반드시 좋은 감정을 품고 지키면서 남의 나쁜 감정에 전염되지 않도록 조심해야 한다.

남의 감정에 휘둘리지 않으려면 감정이 바뀐 이유를 빠르게 알아내 없애는 법을 익혀야 한다. 기분이 왜 이렇게 나쁜지 모를 때도 있다. 이럴 때는 우선 나쁜 감정을 받아들이고 좋은 자기암시를 하면 큰 도움이 된다. 가장 쉬운 자기암시는 자기격려다.

표정이 나쁜 사람을 보면 뭔가 불만을 품었다고 추측할 수 있다. 이런 생각이 들면 그와 함께하는 상황을 최대한 피해야 한다. 괜히 옆에 있다가 별 뜻 없는 행동으로 그의 감정을 폭발시키거나 억울한 일을 당할 수 있다. 무엇보다 나쁜 감정에 전염되는 상황을 반드시 피해야 한다.

살다 보면 일이 바람대로 풀리지 않을 때가 많은데, 이는 그 사람의 인격을 확인할 기회이기도 하다. 가정이나 직장에서 일이 잘되지 않더라도 감정이 멋대로 널뛰게 돼서는 안 된다. 집단과 다른 구성원에게 폐를 끼치지 않으려면 나쁜 감정을 다스려야 한다. 이럴 때는 분위기가 좋은 장소를 찾아가 옆 사람의 좋은 감정으로 당신의 나쁜 감정을 잠재워보자.

하루에 2번, 감정을 다스리기 좋은 때가 있다. 아침에 잠에서 깬 직후 그리고 밤에 잠들기 직전이다. 이때 감정을 잘 다스려서 좋은 감정은 지키고 나쁜 감정은 날려보낼 줄 안다면 하루를 기분 좋게 시작하고 마무리할 수 있다.

- 6원칙 -

감정 변화에는
사이클이 있다

나이가 어릴 때는 감정을 다루기가 참 어렵다. 왜 아무 이유 없이 기분이 나빠지지? 왜 무슨 일을 해도 신이 나지 않을까? 이런 생각이 오래 이어진다. 종잡을 수 없는 감정에 지칠 때, 계절이 바뀌듯 우리 감정에도 주기가 있음을 알면 큰 도움이 된다.

'감정 사이클'이란 감정 고조와 저조가 뒤바뀌는 데 걸리는 시간이다. 이는 우리 몸의 긴장과 이완 주기를 반영하므로 '감정 바이오리듬'이라고도 한다. 감정이 고조 단계에 있을 때는 활기 넘치고 친근한 사람, 다정하고 감정이 풍부한 사람, 열정적으로 일하는 사람, 다른 사람의 의견과 충고를 잘 듣고 받아들이는 사람이 된다. 반대로 감정이 저조 단계에 있을 때는 걸핏하면 짜증을 내는 사람, 남의 말을 귀담아듣지 않고 무조건 반대하는 사람, 변덕스럽고 시도 때도 없이 외로워하는 사람이 된다.

하버드대학 총장 드루 길펀 파우스트는 중국 베이징대학에 찾아가 다음 일화를 소개했다.

당시 파우스트는 사는 게 너무 심심하다는 생각이 들었다. 매일 사무실에 눌러앉아 이런저런 서류를 들여다보는 생활에 진절머리가 났다. 결국 파우스트는 학교에 3개월 휴가를 신청하고 가족에게 선포했다. "내가 어디로 가는지 묻지 말아줘. 매주 한 번씩 전화할 테니 걱정할 필요 없어."

주변을 정리한 파우스트는 미국 남부, 이름 없는 마을로 떠났다. 이 3개월 동안 이전과 다른 새로운 생활을 해볼 작정이었다. 파우스트는 식당에서 접시를 닦고 농장에서도 일했다. 근무시간에 몰래 빠져나가 동료와 수다를 떨고 구석에 숨어 담배를 피우기도 했다. 그러면서 이전에 느끼지 못한 짜릿한 희열을 맛봤다.

그러던 어느 날 접시 닦는 일을 구했는데, 겨우 일주일 일하고 느닷없이 해고 통보를 받았다. 식당 주인은 일당을 주면서 이렇게 말했다. "아줌마! 접시 닦는 속도가 그렇게 느려서야 무슨 일을 하겠어요? 내가 보고 있으려니 속이 터져서 그래요!" 얼마 후 이 '아줌마'는 하버드대학 총장실로 돌아왔다.

예전 일터로 돌아오자 한때 파우스트를 괴롭히던 모든 일이 새롭게 느껴졌다. 생활은 더 이상 심심하지 않았고 뭘 해도 신이 났다. 장난꾸러기 아이의 일탈 같은 3개월은 너무나 신선한 자극이었다. 그 경험이 있기에 파우스트의 눈에 비친 세상은 다시 기쁨과 행복, 환한 빛으로 가득 찼다.

　하버드대학 심리학자들의 연구 결과에 따르면 감정 사이클은 평균 5주라고 한다. 즐거웠다가 우울해지고, 다시 즐거워지는 데 5주가 걸린다는 말이다. 물론 주기는 사람마다 달라서 조금 긴 사람도, 짧은 사람도 있다. 전반부는 감정 고조기, 후반부는 감정 저조기다. 감정이 고조에서 저조, 저조에서 고조로 넘어가는 사이에는 2~3일 임계기가 있다. 이때는 감정이 유난히 불안해지고 몸에도 미묘한 불균형이 생겨 이런저런 문제가 생기기 쉽다.

　자신의 감정 고조기와 저조기를 정확히 알려면 종이와 펜을 준비해 그래프를 그려보자. 가로축에는 그 달의 날짜, 즉 1부터 30 혹은 31, 28까지 적는다. 세로축에는 감정지표를 적는다. 아주 좋음, 좋음, 보통, 나쁨, 아주 나쁨 순이다. 그리고 매일 밤 그날 기분이 어땠는지 생각해보고 감정 지표를 표시한다. 한 달 후 각 표시를 이은 그래프가 바로 당신의 감정리듬이다.

　이렇게 몇 개월 이어가면 감정 고조기와 저조기가 언제인지, 또 며칠이나 이어지는지 정확히 보일 것이다. 이를 파악하면 감정 변화를 예측하는 동시에 그에 맞는 조치를 취할 수 있다.

　감정 고조기는 쉽게 말해 붕 뜬 상태다. 무슨 일이든 신중하게 생각해보고 행동에 옮기자. 좋은 일이든 나쁜 일이든 과도하게 흥분하지 말자. 특히 제대로 생각해보지도 않고 상대의 요청을 대뜸 받아들이면 안 된다. 이 시기에는 까다롭거나 복잡한 일을 주로 다루면서 넘치는 힘을 최대한 써먹자.

감정 저조기에는 이 시기도 곧 지나갈 테니 정신을 바짝 차리고 지내자는 주문을 걸어야 한다. 힘들어도 자주 밖에 나가 돌아다니고 운동하면서 몸과 마음을 진정시킨다. 특히 신체 건강에 좋은 활동을 많이 하는 게 좋다. 고민이 있다면 친구나 가족에게 이야기해 마음의 안정과 위안을 얻으면서 이 시기를 순조롭게 넘겨야 한다.

- 7원칙 -

자신을 알아야
불행을 극복할 수 있다

영국의 유명 극작가 오스카 와일드는 이렇게 말했다. "사람은 있는 그대로일 때 가장 솔직하지 못하다. 그에게 가면을 건네면 비로소 진실을 말할 것이다."

여성 최초로 하버드대학 총장이 된 드루 길핀 파우스트도 인간 본성을 깊이 연구했다. 그녀는 졸업식에서 제자들에게 이렇게 당부했다. "마음 깊은 곳에 있는 가장 진실한 자아만이 여러분의 삶을 좌우할 수 있습니다. 삶의 의미는 스스로 만들어야 합니다. 잡념을 버리고 의미가 가장 큰 이상을 향해 나아가십시오."

하버드대학을 졸업한 성격분석 전문가 해럴드의 사무실에 한 남자가 찾아왔다. 그는 한때 사업가였으나 이제는 파산해 빚더미에 올라앉았고, 결국 가족과도 헤어져 이곳저곳 떠돌아다닌다고

했다. "저를 도와주실 수 있을 것 같아 찾아왔습니다."

그는 절망에 빠져 자살까지 생각했지만 해럴드가 쓴 책을 읽으며 다시 한 번 살아보기로 했다고 말했다. 하지만 상황이 여의치 않자 해럴드를 직접 만나 일어설 방법을 듣고자 한 것이다.

이 남자가 그간 겪은 불행을 나열하는 동안, 마주앉은 해럴드는 그를 머리부터 발끝까지 쭉 훑어봤다. 멍한 눈빛, 시름과 걱정이 배어 깊어진 주름, 얼굴을 뒤덮은 수염, 어색하고 긴장한 표정과 몸짓……. 이 모든 게 '무슨 수를 써도 안 된다'라고 말하는 듯했다. 그럼에도 해럴드는 참을성 있게 이야기를 들었다.

남자의 이야기가 끝나자 해럴드는 잠시 생각하다가 이렇게 말했다. "저는 당신을 도울 수 없습니다. 그 대신 행복한 삶을 되찾도록 도와줄 사람을 소개해드리죠." 남자는 말이 끝나자마자 벌떡 일어서더니 어서 그분을 만나게 해달라고 외쳤다.

해럴드는 남자를 데리고 사무실 옆 상담실로 갔다. 그리고 벽에 걸린 커튼을 활짝 열어젖혔다. 그 뒤에는 전신거울이 있었다.

해럴드는 거울에 비친 그를 가리키며 이렇게 말했다. "바로 저 사람입니다. 저 사람만이 당신을 다시 일으킬 수 있어요. 이제 여기 앉아 저 사람을 살펴보세요. 어떤 사람인지, 장단점은 무엇인지, 제대로 보지 않으면 시작할 수도 없습니다. 그를 제대로 알지 못한다면 모든 게 무용지물일 뿐입니다."

남자는 숨죽인 채 거울을 가만히 바라보다 천천히 손을 들어 수염으로 뒤덮인 얼굴을 쓰다듬었다. 그러고는 몇 발 뒤로 물러서더니 고개를 떨어뜨리고 흐느끼기 시작했다. 해럴드의 사무실을 떠나는 남자의 발걸음은 더 이상 무기력하고 불안하지 않았다. 오히려 가벼우면서도 힘이 느껴졌다.

며칠 후 해럴드는 길에서 남자를 만났다. 그는 이미 일자리를 구했으며 새로 시작하고자 열심히 산다고 자랑스레 말했다.

복잡하고 변화무쌍한 인간 본성은 오랫동안 수많은 철학자와 윤리학자의 화두였다. 우리는 어린 시절에 가장 단순하고 깨끗한 본성을 품는다. 하지만 몸과 마음이 성장하고 다양한 경험을 쌓으며 한마디로 설명하기 어려운 성격이 만들어진다.

몸이 자라듯 뇌도 끊임없이 성장한다. 과격하고 극단적이던 생각이 새롭게 변하고, 시각적 사고가 추상적 사고로 바뀌기도 한다. 이런 변화는 매번 우리를 새로운 세계로 안내한다.

우리는 살아가면서 시시때때로 남을 평가하고 분석하지만 막상 자기 자신이 어떤 사람인지 한마디로 정의하기는 어렵다. 예를 들어 당신은 대체로 성실하지만 단 한 순간도 게으름을 피운 적이 없는가? 또 당신은 웬만하면 결단력 넘치지만 지금까지 결정을 미루거나 주저한 적이 없다고 확신하는가?

사람의 성격을 A 아니면 B라고 명확하게 규정하기는 불가능하다. 인간관계에서는 이 점을 간과한 탓에 흑백논리 오류가 생기곤 한다. 또 자기가 지닌 여러 성격 중 마음에 들지 않는 부분을 억누르면 삶의 범위가 제한될 수밖에 없다.

'자기인식Self Awareness'이란 단순히 자기 장단점을 쭉 늘어놓는 게 아니다. 이는 자기 성격 중 받아들이기 어려운 일면을 어떻게 대할지 깊이 생각하는 과정이다.

가장 진실한 자아를 알고 싶다면 우선 자신이 어떤 특질*을 가장 싫어하는지 규정하고 이를 깊이 생각해야 한다. 혹시 이 특질이 내게도 있어서 그렇게나 싫어진 건 아닐까? 이는 아주 단순해 보이지만 막상 실천하려면 낯설고 어려운 방법이다. 그래서 자신을 진단하는 데 걸림돌이 되곤 한다.

그동안 무시하던 자기 특질을 인정하고 진단 범주에 넣으면 이를 새로운 힘으로 바꿀 기회가 생긴다. 물론 사회 규범에 어긋나는 것, 탐욕이나 질투 같은 추한 면은 예외다. 너무 예민해서, 혹은 너무 순해서 억누르던 특질이라면 조금 더 드러내도 좋다. 그 특질이 당신의 장점을 드러내고 완전한 인간으로 만들어줄 수 있기 때문이다. 다음은 자기인식의 3가지 방면이다.

첫째, 자신의 싫은 면을 관찰하는 동시에 특정 특질에 대한 반감을 생각해보자. 대체 무엇이 이런 반감을 빚어냈을까? 사회생활을 하면서 이 특질이 사람들에게 인정받지 못한다는 걸 알아차렸기 때문일까? 언젠가 겪은 실패와 좌절 탓에 생겨난 걸까? 그것도 아니라면 특별한 원인 없이 원래 성격이 그런 걸까? 이 분석

● 각 개인에서 일관적이고 안정적으로 나타나는 심리적 경향. 개인 간 성격 차이를 유발한다.

이 자칫 더 큰 반감을 일으키지 않는다는 전제하에 반감을 유발한 요소들을 바꿔보자. 이는 내면의 갈등을 인식하고 더 나은 자아로 발전하는 첫걸음이다.

둘째, 남에게 투영한 감정을 거둬들이자. 이는 잠재의식 문제다. 사람들은 보통 남의 단점이라고 생각하는 부분에 반감을 보이지만, 사실 자기 자신에 대한 반감일 수도 있다. 예를 들어 남의 게으름에 대한 반감은 자기 게으름에 대한 불만일지도 모른다. 쉽게 말해 '내 싫은 모습을 닮은 그 사람'이 싫은 것이다. 자기 문제를 정확히 알아야 남에 대한 나쁜 감정 역시 거둘 수 있다.

셋째, 모순된 자아를 받아들이자. 모순을 바로잡는 첫 단계는 그 모순을 받아들이는 것이다. 스스로 장단점이 공존함을 알고, 받아들이기 어려운 감정을 남 탓으로 돌린다는 걸 인정해야 한다.

자기인식을 연습하는 동시에 심리적 적응˙을 시작하자. 심리적 적응에는 강력한 외부 간섭이 필요할 때도 있고 자기 조절만이 해답일 때도 있다. 모순된 자아를 바로잡을 때는 후자에 더 무게가 실린다. 모순이 있음을 인정하는 것 자체가 가장 효과 있고 적극적인 치료법이다.

여기에서 더 나아가 모순된 자아를 바로잡고 감정 변화를 꾸준히 관찰해 어떤 상황에서 어떤 감정을 느꼈는지 곰곰이 생각해보자. 그래야만 자신을 더 깊이 이해하고 새롭게 바꿀 수 있다.

● 문제를 해결하고 욕구를 만족하기 위한 활동 과정 및 변화. 신체적, 사회적 환경과 조화로운 관계를 수립하는 행위로 학습보다 순응이나 동조의 의미가 더 강하다.

- 8원칙 -

감정조절능력은
훈련할 수 있다

성숙하다는 건 뭘까? 성숙한 사람은 어떤 사람일까? 한 가지 확실한 사실은 '감정의 안정성'이 사람의 성숙도를 드러내는 지표라는 점이다. 다시 말해 감정을 안정시키면 더 성숙한 사람이 될 수 있다. 개인의 성숙도와 감정의 안정은 아주 밀접한 관계기 때문이다.

2009년 4월 2일, 남아공 월드컵 유럽 예선 경기에서 세계 최강 독일과 탄탄한 실력을 갖춘 웨일스가 맞붙었다. 유럽 축구에는 약체라 부를 만한 팀이 없으므로 이 경기도 초반부터 격렬하게 흘러갔다. 그런데 후반전 38분, 현장에 있던 모두가 깜짝 놀란 사건이 일어났다. 당시 독일 주장 미하엘 발락은 견고한 수비선을 만든 후 스트라이커 루카스 포돌스키를 꾸짖으며 손가락질했다.

2006년 독일 월드컵에서 활약한 이 젊고 오만한 선수가 조금 전 수비 상황에서 적극적으로 움직이지 않았기 때문이다.

두 사람이 잠시 티격태격하는가 싶더니 믿기 어려운 일이 일어났다. 골을 넣지 못해 잔뜩 짜증이 난 포돌스키가 전설적인 대선배 발락의 팔을 밀쳐내더니 그의 따귀를 때린 것이다.

포돌스키가 이 정도로 무례할 줄은 아무도 몰랐다. 선수들은 경기장을 꽉 채운 관중 앞에서 따귀를 맞은 발락이 치욕을 참지 않으리라 생각했다. 하지만 발락은 자기 뺨을 슬쩍 만져보고는 경기에만 집중했다.

독일 감독은 팀 분위기에 이상이 생긴 걸 알아차리고 감정이 격해진 포돌스키를 즉각 교체했다. 이 경기에서 독일은 2대 0으로 승리를 거둬 월드컵을 향해 한 발 더 나아갔다.

경기 후 언론과 대중의 엄청난 비난과 질타를 받은 포돌스키와 달리 발락은 큰 호감을 얻었다. 수많은 언론의 질문공세를 받았지만 그는 포돌스키를 비난하지 않고 이렇게 대답할 뿐이었다. "우리는 전술을 두고 이야기하는 중이었습니다. 그는 아직 젊은 선수고 배울 게 많습니다." 덕분에 포돌스키는 더 큰 질책과 축구협회의 처벌을 면할 수 있었다. 그는 발락이 보여준 인내심과 집중력에 감탄했고 끝까지 자신을 지켜주는 모습에 감동했다. 반면 자기 행동은 생각할수록 창피할 뿐이었다. 이후 포돌스키는 한 인터뷰에서 자신은 그 순간 '멍청이'였으며 절대 일어나서는 안 되는 일이었다고 후회했다.

인간은 끊임없이 변하면서 조금씩 성숙해진다. 자신의 현재와 과거를 비교해보면 세월의 흐름 속에 얼마나 성장했는지 알 수 있다. 또 주변 사람들과 비교해보면 자신이 어떤 부분에서 남들보다 더 성숙한지도 알 수 있다. 다음은 성숙한 사람의 심리 및 행동 특징이다. 자신과 비교해 스스로 성숙도를 가늠해보자.

성숙한 사람은 약속을 반드시 지킨다. 성숙한 사람은 한 입으로 두말하지 않는다. 그들은 믿음을 아주 중요하게 생각하므로 약속하기 전에 충분한 능력과 조건, 환경을 갖췄는지 신중하게 생각한다. 불가능할 것 같으면 아예 약속을 맺지 않는다. 이들이 하는 말은 믿음과 안정을 준다. 말만 앞서고 행동을 미루는 사람은 성숙하다고 볼 수 없다.

성숙한 사람은 호언장담하지 않는다. 괜히 큰소리치는 법이 없다. 남들 앞에서 이야기하는 걸 부끄러워하거나 말을 잘 못해서가 아니다. 침묵을 지키다가 적당한 때 자기 관점을 명확하게 드러낼 줄 알기 때문이다. 또 자기가 얼마나 애써왔는지, 얼마나 큰 꿈을 꾸는지 쉽게 보여주지 않는다. 이런 빛나는 장점은 모두 깊은 생각에서 비롯된다.

성숙한 사람은 꾸준히 지식을 쌓고 내면을 가꾼다. 그런 사람은 늘 발전하고자 한다. 그래서 항상 책을 가까이하고 새로운 사물과 정보를 받아들이며 내면을 넓혀간다. 또 잘난 척하지 않으며 필요할 때만 재능을 드러내는데, 이 역시 허영심을 채운다거나 다른 의도를 품어서가 아니다. 그들은 마치 숙성된 술처럼 음미할수록 좋은 향이 난다.

성숙한 사람은 탐욕을 부리거나 계산적이지 않아서 손해를 보더라도 남을 욕하지 않는다. 또 사소한 일에 집착해 본질을 잊는 법이 없다. 필요한 경우 감탄을 자아낼 만큼 뛰어난 포용력을 보여준다.

성숙한 사람은 자기중심적이지 않다. 성숙한 사람은 자신을 존중하고 남을 더 많이 존중한다. 문제가 생기면 상대와 입장을 바꿔 생각하는 태도가 몸에 뱄다. 일할 때도 자신에게 맞추라고 강요하지 않으며 타인과 함께한다는 마음가짐으로 임한다.

성숙한 사람은 잘못을 순순히 인정한다. 그들은 다른 의견을 기꺼이 받아들인다. 그들은 수많은 제안과 건의 중 가장 좋은 선택지를 골라낼 줄 안다. 자기 결정이 잘못되면 즉시 인정하고 뒷일을 감당한다. 핑계를 대거나 남에게 책임을 떠넘기지 않는다.

성숙한 사람은 의지가 확고하다. 일이 뜻대로 풀리지 않아도 흔들림이 없다. 일단 목표를 정했으면 쉬지 않고 노력하며, 실패하더라도 포기하지 않고 원인을 찾아내 교훈으로 삼는다. 이를 토대로 적절히 방향을 고칠 뿐 절대 멈추지 않는다. 지치고 힘들 때 잠시 쉬기도 하지만 강한 자신감으로 무장하고 반드시 다시 나아간다.

Inferiority

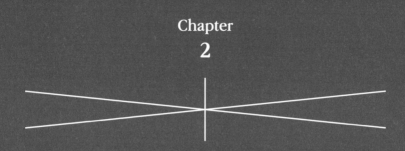

Chapter 2

[나쁜 감정 1]

열등

자아를 갉아먹는 독소

Harvard Message

세계 1위 명문대학 하버드 학생들은 패배자만이 열등감을 느끼낀다고 생각한다. 머지않은 미래에 세상을 이끌어갈 그들은 열등감이나 자기비하와 거리를 둔다. 열등감은 실로 무서운 감정이다. 이 나쁜 감정은 사람의 눈을 가려 자기 장점을 보지 못하게 만들고, 스스로 동굴에 들어가 희망을 잃게 한다. 성공을 원한다면 열등감을 극복해야 한다. 그래야만 자신감 넘치는 자아를 만들 수 있다.

열등감을 이겨내는
5가지 방법

✳

우리는 매일 다양한 장소와 상황에서 남과 소통하고 어울리며 지낸다. 인간관계가 곧 미래인 시대이니만큼 좋든 싫든 상대방의 말과 표정을 살피고 그 뜻을 파악하는 능력을 갖춰야 한다. 타인과 교류하면서 사사건건 예민하게 반응하면 자신도 피곤할 뿐만 아니라 앞으로 맺을 인간관계에 스스로 굴레를 씌우는 꼴이다. 이런 자세는 세상을 살아가는 데 이로울 게 없다.

오스트리아 심리학자 알프레드 아들러는 '과도한 자의식이 열등감을 만든다'라고 주장했다. 사람은 누구나 약자보다 강자가 되기를, 남들 눈에 그저 그런 사람이 아니라 우수한 사람으로 보이기를 바란다. 하지만 원하는 대로 되지 않는 게 세상 이치다. 이상과 현실에는 늘 차이가 있기 마련인데 이 차이에 유난히 예민하게 반응하며 못 견디는 사람이 있다. 그들은 점점 더 예민해져서 자기에게 향하는 모든 나쁜 신호를 잡아내 곱씹고 또 곱씹는다. 나중에 남들도 알아차릴 만큼 정도가 심해지면 이야깃거리를 넘어서 웃음거리가 되기에 십상이다. 이런 반응을 접하면 인간관계에 대한 의심과 적대감은 더 커지며, 즐겁고 유익해야 할 소통과 교류는 참을 수 없는 고통과 고난으로 전락하고 만다. 열등감이 만드는 악순환이다. 지금 이런 상황에 놓였다면 여러 방법을 시도해 상황을 바꿔보자.

첫째, 괜한 기대를 버리자. 해마다 나이가 들고 몸도 커가지만 우리는 여전히 마음속에 순진한 기대를 품는다. 가령 남을 도울 때 상대가 당연히 고마워할 거라고 생각하는 식이다. 하지만 기대와 달리 고마워하기는커녕 시큰둥하거나 심지어 귀찮다는 반응이 돌아올 수도 있다. 그러면 진심 어린 감사를 기대한 사람은 큰 실망에 휩싸인다. 이때 실망감은 두 사람 사이의 관계를 제대로 이해하지 못하고 멋대로 기대한 탓에 생긴 감정이다. 이런 상황을 마주하고 싶지 않다면 합리적인 판단과 기대가 필요하다.

둘째, 실수와 잘못을 곱씹지 말자. 예민한 사람은 자기비하와 자책을 되풀이한다. 별것 아닌 작은 실패까지 마음에 두고 자신을 탓하며 우울해한다. 이런 심리가 자리 잡으면 급기야 비판과 비난이 자연스럽고 당연하게 여겨지기도 한다. 세상 모든 일이 자기가 무능한 탓이라고 생각한다. 누구나 실수할 수 있다. 문제가 있다면 반성하고 개선해야지, 자기가 부족하고 못난 탓이라고 자책해봐야 해결되는 건 없다. 자기비하와 자책은 영혼을 갉아먹는 만큼 반드시 멈춰야 한다.

셋째, 자기 자신을 자주 칭찬하자. 자신감이 부족하면 남들이 아무 뜻 없이 쳐다보거나 자기들끼리 이야기하는 것만으로 괜히 기가 죽고 우울해진다. 어떤 사람은 얼굴이 빨개지고 가슴이 뛰는 등 신체 반응까지 일으킨다. 평소 자신을 있는 그대로 인정하고 과장을 섞어서라도 자주 칭찬하며 응원해보자. 자기 장점과 자랑할 만한 부분을 종이에 쓰고 읽어보면 자신감을 키우고 마음의 안정을 찾는 데 도움이 된다. 또 힘들더라도 사람들과 교류하고 소통하면서 그들 생각을 이해하고 받아들이고자 애써야 한다.

넷째, 단호하게 반격하는 강단을 보여주자. 하버드 심리학과 교수 하워드 가드너는 이렇게 말했다. "누군가 당신을 과하게 질책한다면 적당히 되받아칠 줄 알아야 한다. 그에게 당신을 비난하거나 탓할 권리가 없다는 뜻을 똑똑히 전하라." 어떤 사람은 남의 반응에 속상해 전전긍긍하면서도 관계가 나빠지거나 끊어질까 두려워한다. 하지만 그럴 필요 없다. 부당한 비난과 질책에 제때 반격할 줄 아는 사람만이 존중받고 더 많은 이와 교류할 수 있다.

다섯째, 일상에 변화를 불러오자. 예민한 사람들은 자기 성격을 알고 부담처럼 느낀다. 온갖 노력을 다했음에도 있는 그대로 자신을 인정하기 어렵다면 긍정적인 변화를 위해 일과 생활환경을 바꿔볼 필요가 있다. 이전에는 경험하지 못한 환경에서 새로운 자극을 받고 좋게 변할 기회가 생길지도 모른다.

결점은 어떻게
무기가 되는가

✳

　우리 주변에는 끊임없이 자기 단점이나 결점을 비관하며 분발하고 발전하려는 노력을 포기하는 사람이 많다. 이런 사람들은 스스로 한계를 정하고 그 안에 자신을 가둔다. 그들은 이 보이지 않는 한계가 걸림돌이 돼 발전과 성공을 가로막는다는 사실을 모른다. 세상에 완벽한 사람이란 없고 누구에게나 부족하거나 불완전한 부분, 즉 결점이 있다. 그렇다고 비관만 해서야 되겠는가? 결점이 꼭 나쁜 것만은 아니다. 자기 결점을 직시하면 좋은 방향으로 나아질 수 있고 도리어 결점을 이용해 더 나은 사람으로 거듭날 수 있다.

　미국 미시시피주에서 태어난 소녀는 어릴 때부터 텔레비전 프로그램 진행자가 되기를 꿈꿨다. 꿈을 이루고자 노력을 게을리하지 않은 그녀는 테네시주립대학에서 공연예술과 음성통신을 전공하고 뛰어난 성적으로 졸업 후 볼티모어 방송국에서 아나운서가 됐다.

드디어 첫 방송일이 왔다. 그날 뉴스에는 심각한 가정폭력을 다룬 사건과, 42년간 사랑한 연인이 어려움을 딛고 마침내 부부가 됐다는 훈훈한 소식이 있었다.

그녀는 이미 원고를 여러 차례 읽었음에도 막상 방송에서 이야기를 전하려니 북받치는 감정을 참지 못했다. 가정폭력 사건을 전할 때는 화가 나서 원고를 거칠게 밀어내며 가해자를 비난했다. 또 감동적인 결혼 소식을 전할 때는 자기 일인 양 활짝 웃으며 기뻐했다.

방송 후 그녀는 해고됐다. 방송국은 감정에 쉽게 이입해 방송 중에 고스란히 드러내는 성격이 아나운서로서 크나큰 결점이라고 판단한 것이다.

얼마 후 그녀는 다른 방송국에서 새로운 프로그램을 기획한다는 소식을 듣고 곧장 지원했다. 당당하고 자신 있는 모습에 반한 담당자는 그녀에게 아침 토크쇼 프로그램을 맡겼다. 이 프로그램에서 그녀는 천성을 마음껏 드러냈다. 슬플 때는 함께 소리 내 울었고 즐거울 때는 환호성을 지르며 손뼉을 쳤다. 탁월한 순발력과 임기응변, 기분 좋은 말솜씨에 진실한 감정까지 더한 진행 덕에 프로그램은 늘 높은 시청률을 자랑했다.

6년 후 시카고로 자리를 옮긴 그녀는 아침 프로그램 〈AM 시카고〉 진행자를 맡았다. 시청률이 낮았던 이 프로그램은 그녀가 진행을 맡고 인기가 급상승해 미국 전역에서 가장 인기 있는 아침 프로그램이 됐다. 그러자 방송국은 아예 그녀의 이름을 딴 새로운 프로그램을 기획했다. 이 프로그램에서 그녀는 그 천성으로 출연자와 관객을 사로잡았다. 출연자들은 자기 이야기에 격하게 공감하는 그녀 앞에서 각종 소문을 솔직하게 해명하거나 유년 시절 불행한 경험을 나누고, 연인을 향한 애정을 과감하게 드러냈다.

이 이야기의 주인공은 바로 오프라 윈프리, 세계 텔레비전 방송 역사상 가장 높은 시청률을 기록한 토크쇼 진행자다. 그녀가 거둔 휘황찬란한 성공은 과거에 해고당한 이유였던 바로 그 결점이 만든 결과였다.

하버드대학 경영이론 강의에는 '결점을 인정하라'라는 격언이 종종 등장한다. 또 러시아 철학자 체르니솁스키는 이렇게 말했다. "태양에도 흑점이 있는데, 인간의 삶에 결점이 없을 수 없다." 세상에 완전무결한 것은 없고 결점이 있기에 진정으로 아름다운 법이다.

애플 창업자 스티브 잡스도 늘 강조한 바 있다. "당신이 어떤 면에서 대단한 능력을 지녔다 하더라도 결점을 인정하라. 결점을 인정하는 건 마음이 열린 사람의 특성이다. 그런 다음 결점을 고치고자 노력하라. 그리고 결점에서 배우고 성장하라. 이것이 바로 진정한 지혜와 성장의 시작이다."

누구나 자기가 잘하거나 자신 있는 점을 떠올리면 기분이 좋아지지만, 잘하지 못하고 부족한 점을 떠올리면 기분이 가라앉는다. 하지만 강점과 약점, 장단점은 항상 공존하며 서로 보완하는 요소다. 그동안 결점이라고 여긴 어떤 부분이 때에 따라 강점으로 변해 당신을 성공으로 이끄는 튼튼한 동아줄이 될 수도 있다. 결점을 어떤 마음으로 대하는지가 중요하다. 다음 방법들이 그런 마음가짐을 갖는 데 도움이 될 것이다.

첫째, 스스로를 객관적으로 바라보자. 모든 사람은 성격도 관점도 다르다. 그래서 누군가에 대한 평가도 사람마다 다를 수밖에 없다. 그럼에도 종종 남이 건넨 말 한마디에 크게 의기소침하고 마음에 상처를 입기도 한다. 강조하건대, 나를 향한 수많은 평가 중 가장 중요하고 유일하게 믿음직한 건 바로 나 스스로의 의견이다.

내 장점은 무엇인지, 단점은 무엇이고 어디에서 비롯됐는지 깊이 생각해보자. 그런 후 장점을 최대한 발휘하되 단점을 극복할 방법을 생각해내자. 어쩌면 자기가 생각하는 가장 큰 결점이 외모 콤플렉스나 불만족스러운 체형처럼 고치기 어려운 신체 문제일 수도 있다. 그렇다고 속상해하지만 말고 삶에서 주도적으로 고를 수 있는 것들, 예컨대 자신감, 자존감, 의지, 용기를 떠올려보자. 이런 덕목은 자신을 향한 부정적 시선에서 벗어나 좀 더 객관적으로 바라보도록 돕는다.

둘째, 이성적으로 생각하자. 무엇보다 중요한 건 명확한 생각, 그리고 난관을 극복할 용기다. 처음에는 자신을 둘러싼 환경과 상황, 배경, 경력 등 모든 게 결점으로 보일 수 있다. 이것도 싫고, 저 것도 마음에 안 들고, 아무리 생각해봐도 무엇 하나 내세울 게 없을지도 모른다. 하지만 좀 더 명확한 생각과 객관적인 눈으로 하나씩 들여다보면 결점으로 여기던 것을 새로운 관점으로 볼 수 있다. 단점이나 결점이 겉으로 드러나 일이나 생활에서 문제가 된다면 비관하고 우울해하지만 말고 스스로 나서서 해결하는 용기를 내야 한다.

셋째, 자기에게 걸맞은 위치를 찾자. 누구나 일과 생활, 사회, 인간관계에서 자기만의 위치가 있다. 신발이 발에 맞는지는 직접 신어봐야 알 수 있듯이 지금 위치가 맞는지도 자기 자신만이 알 수 있다. 우선 자기 개성과 특질을 철저히 분석해야 한다. 개선할 여지가 있는 결점이라면 개선하고 강점으로 바꿔 내 가치를 드높일 기회를 엿봐야 한다. 그래야만 자신에게 가장 알맞은 위치에서 잠재능력을 발휘하고 더 나은 삶을 살 수 있다.

완벽한 삶은
애초에 없다

하버드 심리학과 교수이자 행복학 강의로 유명한 탈 벤 샤하르는 사람들이 말로는 행복한 삶을 원한다면서 사실은 완벽한 삶을 바란다고 했다. 그리고 이것이 바로 그들이 행복하지 않은 이유라고 지적했다. 완벽주의자들은 인생이 곧게 뻗어 걸림돌 하나 없이 평탄하기를 기대하기에 실패와 좌절을 만날까 늘 불안해한다. 이처럼 욕심을 부리니 살아가는 내내 가슴이 무겁고 즐거울 새가 없다.

"이 숲에서 가장 완벽한 나뭇잎을 찾아야 해!" 늘 아름답고 완벽한 뭔가를 바라는 사람들은 이런 마음가짐으로 산다. 최상의 아름다움, 단 하나의 흠조차 용납하지 않는 완벽을 추구하는 건 어쩌면 당연한 일일지도 모른다. 게슈탈트 심리학Gestalt Psychology•에서도 완벽이란 인간의 기본 욕구 중 하나라고 봤다. 자신감이 없는 사람은 살면서 크고 작은 좌절을 맛보며 안정된 삶이 흔들리는 경험을 한다. 그리고 어떻게든 이런 상황을 피하고자 불가능한 완벽을 추구하느라 항상 피곤해한다.

하지만 세상 만물에는 반드시 뭔가 결점이 있으므로 아무리 찾은들 완벽한 나뭇잎은 없고 삶은 고달프기만 하다. 그러다가 어느 순간 현실에서 큰 상실을 겪고서야 그동안 있지도 않은 완벽한 나뭇잎을 찾느라 얼마나 많은 성장 기회와 생활의 즐거움을 잃었는지 깨닫는다. 너무 완벽하려고 애쓰지 말아야 비로소 완벽을 체감할 수 있다. 혹시 너무 완벽하려고 애쓰는 자신을 발견하고 놀란 적 있는가? 그렇다면 다음을 기억하자.

첫째, 현실에 없는 완벽을 바라면 모든 걸 잃기에 십상이다. 99.9퍼센트에서 완벽한 100퍼센트로 넘어가려면 평소보다 몇 배, 아니 수십 배에 달하는 힘과 시간을 쏟아야 한다. 그럼에도 최후의 0.1퍼센트를 넘지 못하고 문턱에서 실패하는 일이 허다하다. 완벽을 추구하느라 들인 각고의 노력과 기회비용이 쌓일수록 점점 원래 취지와 방향에서 멀어져 아무것도 손에 쥐지 못한다.

둘째, 완벽은 결점을 가리지 못한다. 혹시 특정 분야에서 완벽하면 다른 약점이나 결점을 가릴 수 있다고 생각하는가? 단언컨대 그런 생각은 아무 의미 없다. 약점과 결점은 어떻게든 드러나

● 20세기 독일에서 시작한 심리학파로 형태심리학이라고도 한다. 전체를 부분의 합 이상으로 보며, 인간의 경험을 개별적으로 분석하지 않고 처음부터 전체적인 것으로 파악한다.

게 돼 있다. 그러니 약점과 결점을 덮어 완벽해지려는 무의미한 노력은 그만두자. 그리고 그동안 완벽을 추구하느라 낭비한 힘과 시간은 온 마음을 다해 삶을 즐기는 데 써라.

셋째, 남의 평가는 중요치 않다. 미학에서 '황금비'는 최상의 아름다움과 안정감을 주는 비율을 말한다. 그런데 이 황금비가 약 1.618, 즉 무리수라는 사실을 아는가? 황금비는 애초에 끝이 없는 숫자다.

우리 삶도 마찬가지다. 노력을 아끼지 않고 바르게 살았다면 남의 평가를 신경 쓸 필요가 없다. 평소 남의 시선에 예민하게 반응하는 사람은 작은 실패에도 쉽게 좌절하고 무너진다. 주변 사람들을 모두 만족시키려고, 무슨 일이든 최고로 잘하려고 애쓰지 않아도 된다. 완벽한 사람이 되겠다고 스스로 닦달할 필요도 없다. 그렇게 마음을 죄며 사는 일은 끝없는 황금비에 다가가려는 것처럼 무의미할 뿐이다.

넷째, 사람들은 당신에게 관심이 없다. 일을 완벽하게 해내지 못하면 남들이 무시하고 얕볼 것 같은가? 사람들은 내가 생각하는 것만큼 내게 관심을 두지 않는다. 아무도 당신이 오늘 신은 신발과 머리색이 어울리는지 신경 쓰지 않는다. 또 당신 책상에 무엇이 어떻게 놓였는지 관심을 두지도 않는다. 모두가 각자 삶에 집중하느라 그런 사소한 일에 신경 쓰지 않으니 작은 일 하나까지도 어떻게 보일까 전전긍긍하고 애쓸 필요 없다. 당신은 그저 자기 자신과 가족, 친구들의 행복을 위해 최선을 다하면 된다.

내 안의
솔직한 목소리

✳

하버드대학을 졸업하고 성공한 인재들은 늘 진실한 자아를 탐구하며 진정성을 갖고 세상과 마주하려 한다. 이처럼 본연의 자아를 지키는 태도는 하버드의 학풍에서 비롯됐다. 하버드 역사가 워낙 길다 보니 종종 이런저런 비판과 비난이 일었고, 지금도 다양한 평가가 쏟아지고 있다. 하지만 하버드는 문제를 숨기거나 사람들을 속이려 들지 않았다. 오히려 학교운영제도와 교육방식을 가감 없이 드러냈다. 하버드는 이처럼 외부 공격에 흔들리지 않고 늘 담담하게 버틴 덕분에 세계 최고 명문대학 자리를 굳건히 지켜왔다.

1952년 11월 9일, 이스라엘 초대 대통령 하임 바이츠만이 병으로 서거했다. 그는 위대한 물리학자 아인슈타인의 몇 안 되는 친구였다. 바이츠만이 서거하기 전날 주미 이스라엘 대사가 총리 다비드 벤구리온의 편지를 아인슈타인에게 전달했다. 차기 이스라엘 대통령이 돼달라는 내용이었다.

이 소식은 빠르게 전 세계에 보도됐다. 그날 저녁 한 기자가 아인슈타인의 집으로 전화를 걸었다. "교수님, 차기 이스라엘 대통령이 되신다는 보도가 사실인가요?"

아인슈타인은 차분한 목소리로 대답했다. "아닙니다. 저는 그럴 생각이 전혀 없습니다. 그런 쪽으로는 재능이 없거든요."

"하지만 대통령은 어떤 일을 한다기보다 일종의 상징 같은 존재 아닙니까? 교수님은 현재 가장 유명하고 존경받는 유대인, 아니 가장 위대한 인물이시죠. 그러니 이스라엘 대통령이 되신다면 유대인의 탁월함을 상징할 뿐만 아니라 유대인의 아름다운 미래를 전 세계에 선보일 수 있을 텐데요." 기자는 혼자서 흥분해 들뜬 목소리로 말했다. 하지만 아인슈타인은 차분한 음성으로 뜻을 고수했다.

"아니, 저는 대통령이 되지 않을 겁니다."

나중에 주미 이스라엘 대사가 다시 전화를 걸었을 때도 아인슈타인은 정중히 거절 의사를 밝혔다. 얼마 후 아인슈타인은 권위 있는 미국 신문사를 통해 공식 입장을 발표했다.

"저는 과학을 조금 알 뿐, 인간과 세상에 관해서는 아는 바가 없습니다. 제게는 방정식이 더 중요합니다. 정치는 현재에 머무르지만, 방정식은 영원하니까요."

다른 사람의 기대에 맞춰 살 필요도, 그들을 만족시키려고 자기 결점을 감추고자 애쓸 필요도 없다. 그렇게 가면을 쓰고 살면 점점 지칠 뿐이다. 자신이 좋아하고 정말 원하는 일을 해야 성공할 기회가 늘어나는 법이다. 내면의 소리보다 바깥의 영향에 흔들리는 상황을 바꾸고 싶다면 다음 방법을 시도해보자.

첫째, 남의 시선을 의식하지 말자. 자기 자신을 찾고, 인식하고, 이해하는 과정이 앞서지 않으면 진정한 나로 살 수 없다. 우선 남들이 자신을 어떻게 볼지 의식하는 습관부터 없애야 한다. 남의 생각은 중요치 않다. 진정한 나로 살고 싶다면 사방에서 들려오는 걱정과 우려를 무시하고, 오직 자신이 느끼며 생각하는 대로 움직여야 한다.

둘째, 진실하고 열린 마음을 갖자. 뭔가 숨겨야 할 상황에 처하거나, 완벽하게 숨겨본 적이 있는가? 불완전한 인간 중 하나인 우리는 태어나는 순간부터 꾸준히 자라고 또 배운다. 자기 일면에 불안이나 창피함을 느끼고 남들이 알아차릴까 숨기려고 한다면 진정한 나로 살 수 없다. 진실하고 담담하게 자신을 마주하자. 그렇게 결점과 장점을 모두 드러내야 진실한 모습을 인정받을 수 있다.

셋째, 마음 편히 생각하자. 어째서인지 긴장을 풀고 너무 편히 있으면 안 되겠다는 생각이 드는가? 특히 사람들과 어울릴 때 이런 생각을 하는 경우가 많다. 여러 사람 앞에서 넘어져 창피를 당할 수도 있고, 옷에 음식이 묻은 줄 모르고 모임에 나갈 수도 있다. 그러면 또 어떤가? 이런 일이 일어났을 때, 혹은 일어난 후에 마음 편히 웃는 법을 배우자. 당신이 저지른 사소한 실수나 부끄러운 경험을 타인과 나누고 함께 웃는 대화 소재로 삼아라. 그러면 상대방은 당신이 완벽하지는 않아도 솔직담백하고 유쾌한 사람이라고 생각할 것이다. 무엇보다 그 과정에서 이전에 없던 홀가분한 자유를 맛볼 수 있다.

넷째, 나만의 개성을 찾자. 옷차림이든 말하는 방식이든 자기만의 개성을 만들어보자. 생각보다 많은 사람이 다른 사람 기준에 맞춰서 산다. 자기도 모르게 유행하는 옷을 사거나 남의 말투를 따라 한다. 만약 이미 주류와 다른 자기만의 개성을 찾았다면 자랑스러워할 일이다! 물론 여기서 말하는 개성은 반드시 이성에 따라야 한다. 함부로 행동해놓고 자기 개성이라고 우기면 곤란하다.

다섯째, 남을 위해 나를 바꾸지 말자. 사회와 시대 흐름에 맞지 않는 일에 관심이 생겼다면 남들이 어떻게 볼까 걱정된다는 이유로 감출 필요 없다. 진정한 나로 산다는 말의 참뜻은 생각을 행동으로 드러내는 데 있다. 무엇을 좋아하고 어떤 일을 하고 싶든, 그건 당신에게 주어진 권리다.

그런데 당신에게 관점, 기호, 꿈이 있듯 다른 사람에게도 개성이 있다. 남을 위해 나를 바꿀 필요는 없지만 진정한 나로 살겠다며 다른 사람에게 함부로 행동해서는 안 된다. 그 사람은 당신이 아니고, 그에게도 자기만의 생각이 있으니 말이다.

실패를 힘껏
끌어안아라

　사람은 태어나는 순간부터 즐거움을 얻는 법을 꾸준히 배우지만, 실패와 좌절을 피하는 법은 배우지 못한다. 삶이라는 시나리오에서 실패와 좌절은 반드시 등장하는 장면이다. 시간이 흐를수록 실패와 좌절, 고난과 역경을 피할 수 없고 나뿐만 아니라 누구나 겪는 일임을 알게 된다. 그렇다면 방법은 하나, 용감하게 맞서서 실패를 딛고 새롭게 출발하는 것뿐이다.

　평범한 가정에서 외아들로 태어난 소년은 사랑을 듬뿍 받으며 자랐다. 좋은 목소리를 타고난 그는 아나운서를 꿈꿨고 대학 졸업 후 순조롭게 방송국에 입사했다. 수입노 좋고 전망도 밝은 일자리였다. 얼마 후 사랑하는 사람과 결혼해 건강한 아이도 태어났다. 세 식구는 누구나 부러워할 만큼 행복하게 살았다.

하지만 그는 파도 한 번 치지 않는 잔잔한 바다 위를 순항하는 듯한 생활이 지겨워졌고, 몇몇 친구의 꼬드김에 넘어가 술과 마약에 손을 대고 말았다. 이런 난잡한 생활은 일상을 흔들었고 일에도 나쁜 영향을 미쳤다. 몇 차례 실수가 이어지자 방송국은 그를 해고했다.

실직은 그를 범죄의 구렁텅이로 몰아넣었다. 이후 몇 년 동안 그는 마약 살 돈을 마련하려고 도둑질, 강도, 사기 등 각종 범죄를 저질렀다. 아내는 남편이 정신을 차릴 기미가 없자 크게 절망해 이혼을 결심했다. 아내는 아이를 데리고 떠났다. 한때 너무나 행복했지만 이제는 상처투성이가 된 집이었다. 아이 역시 따뜻하고 강인했던 아버지가 악마로 변했다며 연락을 피했다. 가족은 물론 친구들도 그를 외면했다.

20년이 흘렀다. 총기 가득한 청년은 50세를 훌쩍 넘긴 중년이 됐다. 그는 인생에서 가장 귀중한 20년을 감옥과 유치장에 들락거리며 보냈다. 고통과 절망에 괴로워하던 그는 신이 자신을 버렸으니 될 대로 되라는 심정으로 유랑을 시작했다. 낮에는 길에서 구걸하고 밤에는 주유소 뒤편 공터에서 잤다. 구걸이 신통치 않으면 쓰레기통을 뒤져 버려진 음식을 찾아 허기를 채웠다.

어느 날 그는 쓰레기통을 뒤지다가 찾은 잡지에서 짧은 이야기를 읽었다. 내용은 이랬다. 신앙심 깊은 목사는 홍수가 마을을 덮치자 "신께서 우리를 구하러 오실 겁니다!"라며 도움을 거절했다. 결국 물에 빠져 죽은 그는 신을 만나, 그렇게 간절히 기도했는데 왜 구하러 오지 않았느냐고 원망했다. 그러자 신은 크게 화를 내며 소리쳤다. "내가 너를 구하려고 사람들을 보냈는데 네가 싫다 하지 않았느냐!"

그 이야기는 오랫동안 굳게 닫혀 있던 그의 마음을 움직였다. 과거를 돌이켜보며 슬픔과 고통으로 며칠을 보낸 그는 마약을 끊고 발성 연습을 다시 시작했다. 말처럼 간단한 일이 아니었지만 묵묵히 이어갔다. 신이 자신을 버린 게 아니라 자신이 소중한 것들을 잊었음을 깨달았기 때문이다.

서서히 건강이 돌아오고 목소리도 부드러워지면서 힘이 생기기 시작했다. 그러던 어느 날 그는 길거리에서 지역 매체 〈콜럼버스 디스패치〉 촬영기자와 마주쳤다. 그때 그는 이렇게 적힌 종잇장을 들고 있었다. '신께서 내가 너무 오래 길을 돌아왔다고 말씀하셨다.' 잠시 그와 이야기를 나눈 기자는 그의 목소리가 무척 멋지다고 생각해 인터뷰 영상을 인터넷에 올렸다.

이 영상은 며칠 사이에 조회 수 1,000만을 넘어설 만큼 큰 인기를 끌었다. 얼마 후 미국 프로농구팀 클리블랜드 캐벌리어스가 그에게 장내 아나운서 자리를 제안했다. 연봉 6억 5,000만 원에 주택까지 제공하는 파격적인 조건이었다.

한 편의 연극 같은 인생을 산 그는 천상의 목소리를 가진 노숙인으로 유명해진 테드 윌리엄스다. 그는 어느 날 하늘에서 뚝 떨어진 행운과 성공에 감격하며 말했다. "신은 그 누구도 포기하지 않습니다. 하지만 우리도 스스로 구원하는 법을 배워야 합니다."

하버드에서는 한 번의 성패로 사람을 평가해서는 안 된다고 가르친다. 실패 후 다시 일어설 의지와 능력이 있는지가 그 삶의 가치를 대변한다고 여기기 때문이다. 이 역시 하버드가 학생들에게 전수하는 '실패와 좌절을 대하는 방법'이다. 덕분에 하버드대학 졸업생들은 사회에 나가서도 한두 번 실패한다고 크게 낙심하거나 무기력해지지 않는다.

"왜 실패했는가?"라는 질문을 "어떻게 실패했는가?"로 바꾸는 순간, 살면서 마주하는 고난에 대처하는 법을 깨우쳤다고 해도 과언이 아니다. 삶이라는 전장에 나선다면, 실패를 딛고 더 나은 사람이 되기로 다짐했다면, 반드시 다음 승리 전략을 기억하자.

① 다독이기

실패와 싸울 때 그림자처럼 드리우는 슬픔과 괴로움은 피할 수 없는 감정이다. 그러니 인생에는 반드시 거쳐야 할 길이 있고 이 또한 지나가는 과정일 뿐 영원히 이어지지 않는다고 되뇌자. 언젠가는 고통을 딛고 다시 일어서리라고 스스로 다독이자.

② 평가하기

실패를 겪었다면 그 경험을 철저하게 살피고 분석해야 한다. 누구나 실패할 수 있지만 그 탓에 낙오자가 돼서는 안 된다. 얼른 정신을 차리고 무엇이 문제였는지, 뭘 잘못했는지 기록하면서 분명한 원인을 밝혀야 한다. 이 실패로 무엇을 잃었는가? 앞으로 바꾸고 싶은 부분은 무엇인가? 일이 어떤 방향으로 발전하기를 바라는가? 실패에서 무엇을 배웠는가? 이런 문제를 신중하게 생각하고 분석해야만 다음에는 성공할 수 있다는 희망이 생긴다.

③ 너그러워지기

실패했다고 자신을 너무 몰아세울 필요는 없다. 실패로 말미암은 타격이나 고통 모두 한 번쯤은 겪을 가치가 있다. 너무 냉철하고 강한 모습을 보일 필요도 없다. 나쁜 감정을 속에 쌓아두느니 울거나 화를 내면서 솔직하게 드러내고 훌훌 털어버리는 편이 낫다. 가장 중요한 건 타인에게 도움을 구해도 된다는 점이다. 자신이 약하고 도움이 필요하다는 걸 인정하고, 타인의 배려와 희망을 구할 기회를 날리지 말자.

④ 개선하기

실패한 원인, 과정, 개선방안을 쭉 정리하고 문제 해결에 착수하자. 작은 목표나 조치로 시작하면 금세 효과가 보이고 힘이 날 것이다. 이후 순서에 따라 점점 강도를 높여 성공을 거두는 쪽으로 나아가야 한다.

평범하다고
꿈꾸지 말라는 법은 없다

아주 평범하고 조용하게, 눈에 띄지 않고 사는 사람들이 있다. 옆을 스쳐가도 눈길이 가지 않는, 보더라도 기억에 남지 않는 그런 사람들 말이다. 그들은 특별할 것 없어 보이지만 그 사이에도 절대로 포기하지 않고 오랜 꿈과 이상을 따라 줄기차게 달려가는 사람이 있다. 지극히 평범하고 가진 것도 적은 탓에, 세상에 넘쳐나는 걸출한 인물들과 비교하면 약하고 보잘것없게 느껴질지도 모른다. 그럼에도 꿈과 이상을 위해 애쓰는 순간 별처럼 빛나는 그들의 눈빛은 세상을 환히 밝힌다.

22살 청년 앨런 브리검은 대학을 졸업하고 어릴 적부터 꿈꾸던 교사가 되고자 역사와 문화의 향기가 가득한 케임브리지로 떠났다.

원대한 꿈을 품고 세상에 나섰으나 그를 맞이하는 현실은 혹독했다. 앨런은 자신만만하게 몇몇 중학교에 지원서를 냈지만 아무데서도 연락을 받지 못했다. 그는 온갖 방법을 써서 어떻게든 직장을 구하려고 애썼다. 이력서를 고쳐 쓰고, 학교에 직접 찾아갔으며, 조건을 낮추기도 했다. 하지만 여전히 그를 고용하겠다는 학교는 나타나지 않았다.

자신감에 큰 상처를 입은 앨런은 슬슬 자기 능력을 의심하기 시작했다. '일이 이렇게까지 안 풀리다니……, 교사가 되기에는 실력이 모자란 걸까?' 무엇보다 수입이 없으니 생활이 어려워져 속이 까맣게 타들어갔다.

그러던 중 앨런은 환경미화원을 모집한다는 신문광고를 찾았다. 한참을 고민하던 그는 결국 지원서를 냈다. 아이들을 가르치고 이끄는 교사와는 거리가 먼 일이지만 당장 살려면 돈이 필요하니 어쩔 수 없었다.

그렇게 앨런은 케임브리지 환경미화원이 됐다. 일은 단순했다. 매일 수레를 끌고 다니며 거리에 버려진 쓰레기를 주워담으면 그만이었다. 처음에는 이 상황을 받아들이기 어렵고 화가 났지만 시간이 흐르면서 일에 재미가 붙었다. 이 아름다운 도시에 힘을 보탠다는 사실이 즐거웠고 보람도 생겼다.

앨런은 환경미화원으로 일하면서 케임브리시 곳곳의 숨은 역사를 배웠다. 길에서 담소를 나누는 노인들에게 동네의 옛이야기를 듣기도 하고, 역사책에 없는 비밀스럽고 흥미진진한 소문을 모으기도 했다. 일하고 있으면 종종 여행자가 다가와 길을 물었다. 그는 그때마다 방향을 일러주면서 거리 이름의 유래와 역사까지 청산유수로 설명했다. 워낙 말솜씨가 좋고 지식이 해박하니 금세 소문이 나서 나중에는 여행자들이 안내를 부탁할 정도였다.

앨런은 여행자들의 기대를 저버리지 않고 쉬는 날마다 관광안 내원으로 나섰다. 그리고 케임브리지에 대한 사랑과 열정, 도시 특유의 문화와 역사를 자기만의 방식으로 설명했다. 점점 입소문 이 나 유명해지고 그를 찾는 사람이 늘어나자 인정받고 있다는 생각이 들었다. 직업은 여전히 환경미화원이었지만 말이다.

그러던 2009년 말, 케임브리지는 앨런에게 영국 최고등급 관광 안내원을 상징하는 블루 배지 가이드 자격을 수여했다. 또 케임 브리지 민속박물관에서는 관장을 맡아달라고 제안했다. 얼마 후 에는 케임브리지대학이 그의 도시 사랑과 공헌을 인정해 명예 문 학 석사학위를 주기도 했다.

지금 영국 케임브리지를 방문하면 크고 작은 골목을 샅샅이 누 비며 도시의 아름다움을 보존하고 널리 알리는 앨런을 만날 수 있을지도 모른다.

사실 하버드에서 공부하는 학생들은 대부분 평범하다. 엄밀히 말하면 평범하면서도 최고로 우수하다. 겉으로는 남들과 다를 바 없이 평범한 이들은 커다란 이상, 꿈을 이루려는 야망과 용기, 비 범한 실력으로 무장하고 멋진 인생을 만들어간다. 꿈을 그저 꿈으로 두지 않고 실현하고자 평생에 걸쳐 다음과 같이 애쓴다.

첫째, 목표 목록을 쓴다. 종이를 꺼내 앞으로 1~2년 사이 이루고 싶은 작은 목표 10가지를 써보자. 컴퓨터를 산다든가, 자기계발 비용을 마련한다든가, 가족이나 친구와 함께 여행을 떠나겠다는 목표 말이다. 목록을 쓴 후에는 자기 자신에게 이렇게 말하자. "나는 이 목표를 이루기를 바라고, 그럴 능력도 충분해!"

둘째, 제일 먼저 이뤄낼 3가지 목표를 골라낸다. 10가지 작은 목표 중에서 가장 중요한 3가지를 고르자. 그리고 하나씩 짚어가며 마음속으로 생각해보자. 이 목표를 이루고자 애쓸 자세가 됐는가? 어떻게 해야 목표를 이룰 수 있을까? 명확한 계획을 짜고 시간표를 만들어 목표를 위해 최선을 다하자.

셋째, 불가능하다고 말하지 말자. 어떤 일이 가능하고 불가능한지 정하는 기준은 애초에 없다. 성공은 당신이 그 일을 하느냐 마느냐에 달렸다. 그러므로 뭔가 일을 할 때는 과연 해낼 수 있을까가 아니라 어떻게 해야 할까 고민해야 한다.

목표를 이루는 데 당신이 얼마나 똑똑한지, 또 얼마나 다양한 지식을 쌓았는지는 중요치 않다. 중요한 건 자신감과 구체적인 행동 계획이다. 자신감이 없으면 아무리 간단한 일이라도 해내기 어렵다. 스스로 성공하리라 믿지 않으니 말이다. 이렇게 되면 목표 달성은 헛된 꿈으로 전락한다. 목표를 이루려면 명확한 행동 계획이 반드시 함께해야 한다. 다음 방안에서 힌트를 얻자.

- 평소에 타인이 처한 문제 해결을 돕자. 그 과정에서 이런저런 힌트와 도움이 되는 전략을 얻을 수 있다.
- 아는 것, 할 수 있는 것, 가지고 있는 것에 모든 힘을 모으자.

넷째, 미래를 위한 습관을 만들자. 좀처럼 변화가 없는 생활을 하다 보면 게을러지기 마련이다. 그러므로 매일 30분 정도 시간을 내서 미래에 좋은 영향을 주는 일을 하자. 거창할 필요 없이 운동이나 독서, 가족과의 대화 정도면 충분하다.

다만 이런 행동으로 뭔가 얻으려고 하면 안 된다. 중요한 건 매일 습관을 들이는 과정이다. 일상에서 벗어나 새로운 상상을 하며 뇌를 자극하고 감각을 일깨우는 습관으로 미래를 더 명확하게 형상화할 수 있다.

다섯째, 다른 사람보다 더 많이 애쓰자. 쉽게 성공하겠다는 헛된 생각을 버리고, 세상이 불공평하다고 투덜거리지 말자. 사회는 언제나 불공평했으니 원망해봤자 소용없다. 가끔은 성공이 하늘에서 뚝 떨어지는 것 같을 때도 있고 실제로 그런 일이 일어나기도 한다. 하지만 그 성공은 성실하게 준비하고 끊임없이 애써야만 거머쥘 수 있다.

나만의
개성 찾기

✳

하버드 학생들에게 성공한 선배는 셀 수 없이 많지만 교수들은 결코 그런 선배를 본받으라고 하지 않는다. 누구에게나 자아가 있고 타인을 따라 하며 자기 개성을 죽이는 일은 끔찍하다고 여기기 때문이다. 이는 모든 이론과 주장을 너그럽게 받아들이는 하버드의 학술 정신과도 일맥상통한다.

조물주가 우리를 유일무이한 존재로 만든 것은 개성과 유일성을 지키며 독특한 자아를 빚어내기를 바랐기 때문이다. 타인을 따라 하고, 타인의 기준에 맞춰 살라고 일일이 다르게 만든 게 아니다. 타인을 따라 하는 사람은 인간으로서, 사회구성원으로서 매력을 잃는다. 자기 색을 지키고 진정한 나로 돌아가 알맞은 싱공의 기준을 찾고 오직 내게만 속하는 삶을 살자. 말만 들어도 행복하고 즐거운 삶 아닌가! 다음 방법으로 행복한 삶을 만들자.

첫째, 모든 사람과 잘 지내려고 하지 말자. 사회에서 만나는 모든 사람에게 만족하기란 불가능하다. 타인도 나와 마찬가지로 불완전하고 그들 인생에도 결점이 있음을 인정하자. 무엇보다 사람들이 내 감정과 입장을 이해할 거라는 기대를 버려야 한다. 남들이 마음을 몰라준다고 속상해하거나, 평가나 지적 탓에 우울해할 필요도 없다. 물론 결코 수월한 일이 아니다. 하지만 해내기만 한다면 그동안 스스로 걱정거리를 찾고 고뇌의 구렁텅이로 들어갔음을 깨달을 것이다.

둘째, 좋아하는 일을 하며 진정한 나를 찾아내자. 좋아하는 일을 하면 이제껏 몰랐던 특기, 장점, 개성이 쏟아져 나온다. 남들이 어떻게 볼지 신경 쓰지 말고 좋아하는 일을 하면 된다. 작더라도 스스로 원한 일을 해내면 자기만의 색채를 지닌 성공으로 거듭난다. 이런 일을 여러 차례 되풀이하면 그 안에서 개성과 성공으로 향하는 길을 찾을 수 있다. 더불어 남의 눈에 비친 모습에서 벗어나 선명하고 입체적인 진정한 모습으로 거듭날 수 있다.

셋째, 제때 결단을 내리자. 마음이 불안하고 의지가 약한 사람들이 있다. 어려움에 부딪히거나 타인과 마찰이 생기면 문제가 두드러진다. 처음에는 그럭저럭 입장을 지키다가도 상대가 강하게 나오면 금세 넘어가서 자기 의견과 원칙을 포기한다. 제때 결단을 내릴 줄 알아야 한다. 여러 사람과 어울려 살면서 모두의 이익과 체면을 챙길 수는 없다. 사람마다 바라는 바도, 문제를 보는 시각도 다르다. 인간관계에서 지나치게 저자세로 나가면 그때 한 번 물러서는 것을 넘어 자존감에 큰 타격을 입는다. 상대방 역시 당신이 너무 무르고 주관이 없다고 생각해 점점 더 무시할 것이다.

넷째, 독특해야 매력이 나타난다. 지나치게 남의 말과 행동을 따라가는 사람은 평등하고 자유로운 사교활동이 어렵다. 인간관계나 생활방식도 좋을 리가 없다. 자기만의 개성을 지키며 타인에게 휘둘리지 않고 독립해서 사는 사람, 이런 사람만이 언제 어디서든 환영받는다.

내 안에 잠든
거인을 깨워라

*

　누구에게나 남과 다른 특별한 재능이 있다. 그런데 이 재능은 깊은 잠에 빠진 거인처럼 우리가 깨워주기를 기다리고 있다. 이 거인은 바로 '잠재력'이다. 신께서 모든 이에게 능력을 발휘할 기회를 주셨는데 허무하게 날려버릴 수는 없지 않은가? 그러니 지금 당장 잠자는 거인을 깨우자. 거인을 깨우는 방법은 간단하다. 그저 자기 자신을 아끼고 사랑하면 된다. 이 세상은 모든 이가 함께 사는 곳이다. 쌓인 먼지를 털어내고 거인을 깨워 넓은 세상으로 나가 무한한 능력을 발휘하자. 그러면 애쓰지 않아도 세상만사가 원하는 대로 이뤄지고 예상치 못한 성과를 낼 수 있다.

　30번째 생일, 앙리는 강변에 앉아 흔들리는 강물을 바라봤다. 30년 인생을 채운 건 슬픔과 고통뿐이었다. 앞으로도 이런 식이라면 남은 시간을 온전히 살아갈 수 있을지 자신이 없었다.

어린 시절 부모님을 잃은 앙리는 고아원에서 자랐다. 몸집은 작고 얼굴도 평범했으며 말투에는 시골 사투리가 섞였다. 그는 못생기고 배운 것도 없는 자신이 한없이 초라하고 부끄러웠다. 자신감이 없어서 변변찮은 일자리도 구하기가 어려워 이런저런 잡일을 하며 살았다.

심심하고 무의미한 삶을 이어가야 하는지 고민하는 사이, 고아원에서 함께 자란 친구가 뛰어오더니 이렇게 소리쳤다. "앙리! 내 말 좀 들어봐! 조금 전에 라디오로 뉴스를 들었는데 나폴레옹에게 잃어버린 손자가 있다는 거야. 그런데 거기서 설명한 외모가 너랑 아주 비슷했어!"

앙리는 귀를 의심했다. "그게 무슨 소리야? 내가 나폴레옹의 후손이라는 말이야? 농담하지 마!" 말은 그렇게 했지만 머릿속으로는 할아버지가 말에 올라탄 모습을 떠올렸다. 작은 키에 사투리를 쓰며 천군만마를 호령하는 위엄 넘치는 모습⋯⋯. 갑자기 정신이 번쩍 들었다. 자신의 작은 몸에서도 억누르기 힘든 커다란 힘이 솟아나는 느낌이었다. 말할 때마다 귓가에 들리는 거친 사투리도 고귀하고 멋지게 느껴졌다. 다음 날 아침 앙리는 가장 좋은 옷을 입고 집을 나섰다. 자신만만하게 큰 회사를 찾아가 자신을 소개하고 순조롭게 일자리를 구했다.

수십 년이 흐르고 어느새 중년이 된 그는 사장 자리에 올랐다. 그동안 이리저리 알아본 결과 자신은 나폴레옹의 손자가 아님을 확인했지만 그건 이제 중요하지 않았다.

기업인 모임에서 누군가 앙리에게 물었다. "무엇이 당신을 성공으로 이끌었다고 생각하십니까?" 그는 웃으며 과거를 이야기하고 이렇게 덧붙였다. "자기 자신을 있는 그대로 받아들이고 온 마음을 다해 사랑해야죠. 열등감은 인생을 좀먹는 괴물이니 당장 없애버려야 합니다. 이것이 내가 이룬 성공에서 가장 중요한 밑거름이었습니다."

자기 환경이 원망스러운 사람, 타고난 운명이 불만스러운 사람, 잘해보려고 해도 되는 일이 없는 사람……, 당신이 이런 부류라고 생각한다면 가슴에 손을 얹고 질문해보자. 단 한 번이라도 자신을 똑바로 바라보고 사랑했는가? 소위 '잘나가는 사람들'을 보면 출신이나 외모는 여러 요소 중 하나일 뿐, 성공의 필수조건이 아님을 알 수 있다. 하버드 심리학 수업에 따르면 자기 자신을 있는 그대로 받아들이고 사랑하며 그 과정에서 기쁨을 느낄 때 더 큰 발전 기회를 잡을 수 있다. 하지만 진정으로 자신을 사랑하려면 몇 가지 준비가 필요하다.

첫째, 발견과 이해로 시작하자. 별이 태양이 되려고 한다거나 풀 한 포기가 나무가 되기를 바라서는 불행할 뿐이다. 불가능한 꿈을 꾸면서 자신을 깎아내리느니 주어진 자리에서 착실하게 장점을 기르는 편이 낫다. 태양이 아니라도 밝게 빛나는 별이 돼 우주에 빛을 더할 수 있다. 위인으로 존경받지 못하더라도 자기 자신을 최고로 만들면 된다. 그 만족감은 비할 데 없이 크다. 모든 사랑은 발견과 이해에서 시작된다. 자기 자신에 대해 깊이 생각하는 시간을 갖고 능력을 최대치로 끌어올릴 방법을 찾는 게 첫 번째 작업이다.

둘째, 스스로에게 박수쳐주자. 단언컨대 스스로 격려하지 않는 사람은 발전하기 어렵다. 스스로를 향해 박수치는 법을 배우자. 자신이 이룬 일상의 작은 성공에 칭찬을 아끼지 말고 조금 더 전진할 자신감과 동력을 얻자. 스스로 갈채를 보낼 줄 아는 사람은 결코 힘을 잃지 않는다. 그들은 어떤 도전과 임무 앞에서도 움츠러들지 않는다. 그리고 꿈을 위해서라면 뒤돌아보지 않고 달리며 끊임없이 분투한다.

셋째, 스스로에게 긍정 메시지를 보내자. 한 심리학자는 이렇게 말했다. "나는 내 장점만 생각하고, 단점은 보지 않는다. 내 가장 큰 장점은 자기 긍정이다." 장점을 가장 좋은 방식으로 드러내는 일은 마음을 다스리는 방법이자 생존 수단이다. 이렇게 하지 않으면 치열한 경쟁이 펼쳐지는 사회에 발붙이고 살기 어렵다. 매일 아침 거울을 볼 때마다 얼굴만 보지 말고 자기 자신에게 긍정 메시지를 전하자. 거울 속 자신을 향해 미소 지으며 자신감을 불어넣고 새로운 하루를 열어보자.

Obsession

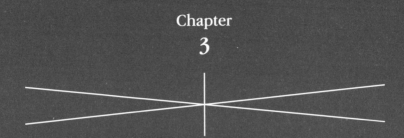

Chapter
3

[나쁜 감정 2]

집착

발전을 가로막는 독소

Harvard Message

하버드대학은 수백 년 역사를 이어가며 고집불통이라 불리는 유명 정치인도 여럿 길러냈다. 여기서 말하는 고집이란 올곧은 자세를 지킨다는 뜻이지, 앞뒤 가리지 않고 막무가내로 버틴다는 말이 아니다. 이 정치인들은 타인을 향해 믿을 수 없을 만큼 커다란 관용과 이해를 보여줬다. 이는 오랜 역사와 파란만장한 경험을 쌓은 하버드에서 외로운 길을 걷는 선구자의 면모를 배웠기 때문이다. 하버드는 관용, 유연, 혁신의 정신을 바탕으로 세계 최고 교육기관으로 거듭났다. 이 3가지 이념은 하버드를 거친 수많은 학생에게 크나큰 영향을 미쳤다.

소신과
집착 사이

　일, 특히 사람을 상대하는 일을 한다면 자기 의견만 강하게 밀어붙이며 상대 입장과 주변 상황을 무시해서는 곤란하다. 이런 집착은 분노와 저항만 불러일으키는 무모한 행동이다. 소신이 집착으로 전락하면 일에서 핵심을 놓치게 되고 별것 아닌 일에도 감정싸움이 일어난다. 그러면 결국 상처와 악감정만 남긴 채 일은 일대로 그르치고 비난의 대상으로 전락하기에 십상이다.

　의견을 냈는데 반대에 부딪히거나 아무리 노력해도 밝은 미래가 보이지 않을 때 의견에 집착하는 게 과연 좋은 방법일까? 소신이 집착으로 흘러가려고 하면 다음을 기억하자.

　문제를 마주하면 처음으로 돌아가 생각해보자. 어떤 사람은 의견을 내놓는 동시에 심리 보호막을 친다. 그리고 보호막 뒤에서 다른 의견을 덮어놓고 의심하거나 멀리한다. 이런 꽉 막힌 생각으로는 발전할 수 없고 고집불통이라는 말밖에 듣지 못한다.

또 어떤 사람은 이루고 싶은 꿈에 너무 집착한 나머지 주관과 객관, 현실과 가설을 나누는 데 어려움을 겪는다. 혹시 이상을 추구하는 게 아니라 불가능한 일에 매달려서 헛된 노력을 쏟아 붓고 있지는 않은가? 만약 그렇다면 어리석은 집착에 불과하다.

이 2가지 유형처럼 집착하는 사람을 찾기는 어렵지 않다. 어쩌면 당신이 이렇게 행동하고 있을지도 모른다. 집착은 스스로 어두운 동굴로 들어가는 것과 같다. 출구를 찾으려고 헤매면 헤맬수록 혼란스러워질 뿐이다. 이런 집착은 대개 자기인식 오류, 부족한 경험, 편협한 감정에서 비롯된다. 그러므로 문제를 해결하려면 차분한 마음으로 자기 자신을 새로이 인식하고 열린 태도로 문제를 처음부터 평가해야 한다.

습관을 바꾸면 집착도 사라진다. 생활 습관이 나쁘면 맑은 정신으로 생각하기 어렵다. 정도가 심해지면 편집증에 빠지기도 한다. 다음 몇 가지부터 시작해보자. 더 명확한 생각과 넘치는 힘을 얻는 데 도움이 될 것이다.

- 다리를 쭉쭉 펴면서 시원하게 걸어보자. 가볍고 경쾌한 발걸음은 좋은 호르몬을 만들어 나쁜 감정을 막을 수 있다.
- 종이를 펼쳐두고 지금 당신을 괴롭히는 골치 아픈 일들을 써내려가자. 이어서 해결책과 기한을 정하고 반드시 지키자.

- 밤 11시가 넘기 전에 잠자리에 들자. 수면 부족은 판단능력에 나쁜 영향을 미치고 초조와 긴장을 일으키며, 이는 곧 무의미한 집착으로 이어진다.
- 혈당이 낮으면 감정 과잉과 편집증, 집착이 일어난다. 틈날 때마다 신선한 과일을 먹고 긴장된 신경을 풀어야 한다. 또 매일 아침 여유로운 식사 습관을 들이자.

　문제 해결을 위해 공동인식을 갖자. 집착은 의미 있는 해결책이 아니다. 사회구성원으로 살아가려면 변화에 민감하게 반응하고 적응할 줄 알아야 한다. 타인의 사고방식이 자신과 다를 수 있음을 인정하고 공동인식을 갖는 과정은 상당히 수준 높은 적응법이다. 상대방이 다른 의견을 내놓으면 주의 깊게 듣고 함께 시도해보자. 생각지도 못한 결과가 나올 수도 있다. 다음은 공동체 의식에서 오는 이점이다.

- 알고 보니 상대 의견이 훨씬 나을 수도 있다. 이 경우 깨끗이 인정하고 새로운 지식과 관점을 배울 기회로 삼자.
- 상대 의견이 당신보다 못하다면 그를 더 쉽게 설득할 수 있다. 이로써 존중과 신뢰를 얻자.
- 유연하고 열린 태도로 분위기를 부드럽게 만들고 일의 효율을 크게 높일 수 있다.

감정 병목
해소하기

여기 꿈을 위해 열정과 노력을 쏟는 사람이 있다. 무엇이 그 발목을 잡는다고 생각하는가? 경쟁자? 타고난 환경? 불합리한 사회 구조? 모두 아니다. 그들을 가장 난처하게 만드는 건 바로 감정 병목이다. '감정 병목'이란 한순간에 몰려온 나쁜 감정을 제대로 해소하지 못해서 불안에 빠지는 상태를 뜻한다. 이는 소위 마음이 약한 사람에게만 따르는 문제가 아니다. 열등감이라고는 없는 듯 자신만만한 사람도 종종 겪는 일이다.

이런 경험을 피하려면 평소 마음을 강하게 다져서 웬만한 일에는 끄떡없는 건강한 정신을 만들어야 한다. 이 작업이 앞서지 않으면 아무리 능력 좋은 사람이라도 어느 순간 맥없이 무너져 그저 그런 성과를 낼 수밖에 없다. 반대로 미리 마음을 가다듬은 사람은 예상치 못한 일이 생겨도 흔들리지 않고 무난하게 대처하면서 한 단계 멀리 나아갈 수 있다.

워크숍이나 수련회 프로그램 사이에 '끊어진 다리'라는 코스가 있다. 공중에서 1미터 정도 끊어진 다리를 훌쩍 뛰어서 건너는 단순한 방식이다. 평지에서 1미터 정도는 다리를 살짝 벌리면 가뿐히 넘을 수 있는 거리다. 하지만 위치가 공중이라면 이야기가 달라진다. 참가자들은 끊어진 다리 앞에서 벌벌 떨며 감히 발을 뻗을 생각도 못 한다. 대체 무엇이 그들을 가로막은 걸까?

'나는 못 해, 분명히 아래로 떨어질 거야…….' 이런 생각이 높은 곳에 올라 간이 콩알만 해진 사람들을 옭아매기 때문이다.

한 심리학 교수는 감정이 능력을 가로막는 현상을 설명하고자 다리 건너기 실험을 준비했다. 교수는 참가자 9명에게 아무것도 보이지 않는 암흑 속에서 작은 다리를 건너라고 했다. 실험 전 그는 참가자들에게 다리 아래 흐르는 개울이 굉장히 얕으니 걱정하지 말라고 전했다.

9명 모두 안전하게 다리를 건넌 후, 교수는 사물의 형체만 알아볼 정도로 약한 조명을 켰다. 그러자 곳곳에서 비명이 터져 나왔다. 물론 교수는 거짓말하지 않았다. 다리 밑 개울에 무시무시한 악어들이 있다고는 말하지 않았을 뿐이다. 참가자들은 믿기지 않는 광경 탓에 공포에 휩싸였다.

교수가 다시 다리를 건너 돌아가자고 말하자 참가자들은 크게 화내며 거부했다. 여러 차례 권유한 끝에 9명 중 3명이 용기를 내 도전했다.

첫 번째 참가자는 아주 천천히, 조심스럽게, 걷는다기보다 기어가다시피 하며 다리를 건넜다. 그러는 바람에 시간이 2배나 들었다. 두 번째 참가자도 벌벌 떨면서 다리를 건너기 시작했다. 하지만 절반 정도 가다가 견디지 못하고 주저앉아 옴짝달싹 못 했다. 세 번째 참가자는 세 걸음 걷고는 그대로 멈춰버렸다.

이때 교수가 조명을 환하게 밝혔다. 참가자들은 다리 아래 놓인 안전망을 보고 허탈하게 웃었다. 그들은 안심하고 다리를 건너갔다. 단 1명만 빼고 말이다. 끝까지 버틴 사람에게 이유를 묻자 이런 대답이 돌아왔다.

"저 안전망이 약할 수도 있잖아요."

감정 병목은 정말 무시무시하다. 아주 우수한 사람도 감정 병목 앞에서는 스스로 재능을 파묻고 제 실력을 발휘하지 못한다. 이런 사람이 성공할 리 만무하다.

흥미롭게도 감정 병목은 마음 약한 사람뿐만 아니라 자아가 너무 강한 사람에게도 나타난다. 자존심과 허영심이 너무 커서 비판을 듣기 싫어하고 실패를 견디지 못하기 때문이다. 이런 사람은 원하는 바를 이루지 못하면 불평을 늘어놓고 짜증을 부리다가 자포자기에 빠진다.

이처럼 감정 병목은 성장과 발전에 아주 나쁜 영향을 미친다. 게다가 인간관계에도 나쁜 영향을 미쳐서 삶에 큰 걸림돌이 된다. 다음은 감정 병목을 막는 8가지 해결책이다.

① 한 번에 하나만 생각하기

평소에 너무 많은 일을 한꺼번에 걱정하면 스트레스가 늘어나고 학습이나 업무 효율이 크게 떨어진다.

② 힘 집중하기

지금 당장 급한 일 외에 다른 일은 모두 머릿속에서 내보내자. 힘 분산을 막고 효율을 높일 수 있다.

③ 걱정거리를 상담하거나 종이에 적기

걱정거리를 상담하거나 종이에 적어보자. 가까운 친구에게 이야기해도 좋고 일기장에 써도 된다. 문제를 해결하지는 못하더라도 고독이나 공포 같은 나쁜 감정을 없앨 수 있다.

④ 꾸준히 운동하기

꾸준히 운동하면 스트레스 수치가 25퍼센트 줄어든다는 연구 결과가 있다. 빨리 걷기 30분이나 간단한 스트레칭 정도가 좋다.

⑤ 일 처리 속도 늦추기

아마 책상 위에는 처리할 일이 가득할 것이다. 직장상사의 책상 위에 당신이 해야 할 일이 또 있을지도 모른다. 마음은 급하겠지만 서둘러봤자 효율만 떨어진다는 사실을 기억하자. 낙관하는 태도로 오히려 속도를 늦춰도 좋다. 그러다 보면 할 일이 점점 줄어들고 어느새 모든 일이 끝날 것이다.

⑥ 편안하게 생각하기

혹시 딱딱하게 굳은 표정으로 살고 있지는 않은가? 가끔은 친구와 만나 실없는 이야기를 나누며 큰 소리로 웃어보자. 기분이 좋아지고 활력이 생길 것이다. 굳은 얼굴을 부드럽게 풀고 미소를 살짝 더하기만 하더라도 긴장과 스트레스를 풀 수 있다. 이렇게 하면 면역력도 기를 수 있으니 일석이조다.

⑦ 나쁜 평가 웃어넘기기

나쁜 평가를 들으면 반성하는 동시에 스스로 좋은 신호를 보내자. 장점이나 칭찬할 일을 스스로에게 말해주면 된다. 이렇게 하면 지적과 비난조차 격려 수단으로 삼을 수 있다.

⑧ 편히 쉬기

몸과 마음이 한계에 부딪혔다고 느껴지면 하루쯤 휴가를 내고 푹 쉬자. 기분이 좋아지는 음악을 듣거나 가벼운 소설을 읽어도 좋다. 아무것도 하지 않고 종일 잠만 자도 된다. 어떤 방법이든 몸과 마음에 쌓인 긴장과 피로를 풀고 평온한 마음을 지키는 게 중요하다.

멀리 가려면
함께 걸어라

✹

　개인의 능력에는 한계가 있다. 아무리 뛰어난 사람이라도 완벽할 수는 없다. 성공한 사람들 대부분은 타인의 지혜를 빌려 문제를 해결하는 데 탁월하다. 하버드는 학생들에게 전공지식뿐만 아니라 사람들에게 기대고 지혜를 빌리는 법을 전수한다.

　스웨덴에 본사를 둔 스칸디나비아항공의 최종 목표는 지연이나 대기 없는 정시 비행 분야에서 유럽 1위로 올라서는 일이었다. 하지만 어디서부터 어떻게 움직여야 할지 몰라 난감했다. 이에 얀 칼슨 회장은 백방으로 수소문한 끝에 한 컨설팅업체에 주목했다. 직원들이 써낸 보고서에 나온 성공 사례를 철저히 분석한 그는 여기에 일을 맡기기로 했다.
　칼슨은 컨설팅업체 대표와 처음 만나는 자리에서 이렇게 말했다. "우리 목표는 정시 비행 분야에서 유럽 1위 항공사가 되는 겁니다. 이 프로젝트에는 시간과 비용이 많이 들겠죠. 일주일 정도 검토해보시고 계획을 세워주세요."

일주일 후 두 사람이 다시 만났다.

"뜻하시는 바를 이루도록 저희가 도와드리겠습니다. 이 프로젝트에는 6개월이 걸리고 비용은 20억 원입니다."

"좋습니다. 그럼 지금 당장 시작해주세요."

"네? 하지만 회장님, 아직 보고드릴 내용이 많습니다. 그리고 생각하신 내용을 더 구체적으로 말씀해주셔야 하는데요."

"아니죠. 그건 내가 할 일이 아닙니다. 어떻게 하든 좋으니 1위라는 결과만 나오면 됩니다."

4개월 반이 지나고 컨설팅업체 대표가 함박웃음을 지으며 칼슨의 사무실에 찾아왔다.

"회장님! 생각보다 빨리 정시 비행 분야 유럽 1위에 올랐습니다! 지금까지 13억 원을 썼으니 7억 원이나 아낀 셈이죠."

그로부터 한참 후 칼슨은 직원들에게 이 이야기를 전했다.

"처음에 일을 맡길 때 25억 원을 내놓을 테니 이렇게 저렇게 해달라고 길게 말했다면 어떻게 됐을까요? 아마 그는 6개월 뒤에 나타나 이렇게 말했을 겁니다. '지시하신 대로 어느 정도 성과를 거뒀습니다. 하지만 유럽 1위가 되기에는 역부족입니다. 적어도 3개월은 더 필요합니다.' 하지만 알아서 하도록 내버려두니 시간도 줄이고 비용도 아낄 수 있었죠."

어떤 일은 직접 나서기보다 다른 사람에게 맡기는 편이 낫다. 성공한 사람은 혼자만이 아니라 여러 사람의 지혜와 경험을 끌어내고 분석 및 종합해서 자기 것으로 만들 줄 안다. 그들은 이 방법으로 다른 사람보다 훨씬 큰 성과를 낸다. 타인의 지식과 기술, 경험을 빌려 문제를 해결하고 싶다면 다음과 같이 움직이자.

첫째, 가르침을 구하자. 어떤 일을 시작할 때 핵심 아이디어를 떠올리고 실현할 계획을 세웠다면 가족이나 친구들에게 내용을 들려주자. 혼자 생각하고 결정할 때보다 많은 의견을 구할 수 있다. 그중에 변호사나 회계사 같은 전문직 종사자가 있다면 큰 도움을 받을 수 있다. 여러 분야에 속한 사람들에게 의견을 구하고 열린 태도로 귀담아듣자.

둘째, 다른 의견에 주목하자. 아이디어나 계획을 공유할 때는 상대가 하고 싶은 말을 전부 하게끔 두자. 부족한 부분을 지적하고 비판할 수 있는 분위기를 만들고자 애써야 한다. 제삼자의 눈이 정확한 경우가 많다. 당신이 생각지 못한 문제나 이야기를 끄집어내 무심코 지나친 기회를 잡을 수도 있다. 이런 대화에서 힘을 얻고 문제를 풀어낼 답을 찾는 동시에 시야를 넓힐 수 있다.

셋째, 자신보다 뛰어난 사람과 함께하자. 부족한 부분을 메우고 싶다면 그 방면에 강한 사람을 데려오자. 세계적인 기업을 보면 공동창업자가 함께하는 경우가 많다. 마이크로소프트의 빌 게이츠는 학교 선배였던 폴 앨런과 회사를 차렸다. 메타의 마크 저커버그는 하버드대학 동창 에드와도 새버린, 앤드루 매콜럼, 더스틴 모스코비츠, 크리스 휴스와 함께 페이스북을 시작했다. 구글의 래리 페이지와 세르게이 브린도 함께 사업을 시작했다.

만약 창업으로 성공을 꿈꾼다면 자신에게 없는 부분을 채워줄, 자신보다 뛰어난 인재들을 끌어모을 방법을 찾아야 한다. 그들은 사업 발전에 엄청난 힘이 돼줄 것이다. 이를 위해 다음과 같이 행동하자.

주변 사람들을 모아 자기만의 최고 두뇌 집단, 싱크 탱크Think Tank를 만들자. 싱크 탱크를 만들 때는 이런 요소를 생각해야 한다. '그들이 어떻게 나를 도와줄까?', '그들의 재능이 어떤 효과를 불러올까?', '그들의 친절과 공헌에 어떻게 보답할까?', '나도 그들의 성공을 도울 수 있을까?' 사람들의 비판과 의견을 들었으면 이를 토대로 기존 계획을 재검토해야 한다. 어쩌면 처음부터 다시 시작하거나 큰 방향을 틀어야 할지도 모른다.

사람들의 의견을 듣고 소통하는 동시에 그들을 면밀히 관찰하자. 여러 의견과 평가를 듣고 다시 그만큼 시간을 들여 그들이 당신 의견에 어떻게 반응하는지 살펴보자. 그러면 누가 진심으로 당신을 돕고 함께하기를 바라는지, 또 누가 말과 달리 발을 빼는지 보인다. 한 번 싱크 탱크를 만들었다고 끝이 아니다. 심사와 선택 과정을 끊임없이 되풀이해야 한다.

인생은 속도가
아닌 방향이다

'나무 물통의 법칙'을 아는가? 널빤지를 이어 만든 물통에는 가장 짧은 널빤지 높이만큼만 물을 담을 수 있다. 한 사람의 능력도 다양한 면 중에서 가장 부족한 면에 따라 정해진다. 따라서 능력을 키우고 싶다면 가장 약한 부분을 집중 단련해야 한다는 말이다.

그러나 하버드는 나무 물통의 법칙을 믿지 않는다. 반대로 한 사람의 능력은 다양한 면 중에서 가장 잘하는 한 가지로 결정된다고 본다. 쉽게 말해 더 나은 인생을 꿈꾼다면 자기 장점과 강점을 더욱 발전시키고 최대한 발휘해야 한다는 뜻이다.

1990년대 후반, 전 세계에 컴퓨터 열풍이 불었다. IT는 세상을 완전히 뒤바꿨고 미래는 곧 IT라는 공식이 당연하게 여겨졌다. IT

업계 바깥에 머무르는 건 도태를 뜻했다. 수많은 젊은이가 너도 나도 컴퓨터를 공부했고 IT만 익히면 장밋빛 미래가 펼쳐지리라 믿었다.

하지만 IT업계에서 두각을 드러내려면 뛰어난 학습능력과 치밀한 논리력, 탁월한 혁신의식을 갖춰야 했다. 이런 요소와 거리가 먼 젊은이들은 결국 아까운 힘과 시간만 버린 셈이었다. 무엇보다 안타까운 건 다른 분야에서 성공할 기회를 날려버렸다는 사실이다.

빌리도 그런 젊은이 중 하나였다. 그는 어려서부터 그림 그리기를 좋아했고 소질도 있었다. 그런데 IT가 크게 유행하자 함께 미술을 공부하던 친구들도 불나방처럼 컴퓨터를 배우러 떠났다. 빌리도 잠시 고민하다 붓을 내려놓고 마우스를 잡았다. 그렇게 2년 동안 적성에도 맞지 않는 온갖 컴퓨터 기술을 익혔다.

2년이 흘렀음에도 빌리는 잘하는 축에 들지 못했다. 오히려 공부하면 할수록 미래에 컴퓨터가 모든 산업을 대체하리라는 예언에 의문이 생겼다. 혼란과 의문 속에 2년을 날린 빌리는 결국 IT업계에 발도 붙이지 못했다. 컴퓨터를 공부하느라 그림 실력도 떨어졌다.

얼마 지나지 않아 IT 열풍의 거품이 만천하에 드러났다. 컴퓨터를 배운다고, IT업계에 뛰어든다고 전부 빌 게이츠가 되는 건 아니었다. 빌리를 괴롭히던 혼란과 의문도 비로소 사라졌다.

'그래, IT와 데이터가 세상을 주도하는 시대가 올 수도 있겠지.

하지만 다른 분야가 사라지는 건 아니야.' 결국 빌리는 마우스를 놓고 다시 붓을 잡았다. 그나마 2년간 배운 덕에 컴퓨터가 고장 나면 뚝딱 수리할 줄은 알았다. 하지만 2년이라는 시간과 열정을 가장 잘하고 좋아하는 미술에 쏟았다면 더욱 나아졌을 것이라며 내내 후회했다.

　인생은 되돌릴 수 없다. 결국 방향이 중요하다. 방향만 옳다면 중간에 조금 돌아가거나 더디게 가더라도 괜찮다. 옳은 방향으로 나아가야만 잠재능력을 발휘하고 극대화할 수 있다. 방향 없는 충동에 휩싸여 전혀 다른 곳에 뛰어든들 누가 알아주지도 않을뿐더러 잘될 리도 없다. 누가 보더라도 지는 싸움에 힘과 시간만 낭비하고 처음보다도 형편없는 모습으로 빠져나올 게 뻔하다. 정치인, 상인, 교사, 운동선수 등 어떤 선택을 하든 마찬가지다. 지는 싸움에 뛰어들지 않는다는 원칙만 지키면 된다.

　모든 문제를 극복하려고 하지 마라. 약점, 단점, 결점을 모두 없애겠다는 헛된 기대를 버려야 한다. 약한 점을 무시하라는 말이 아니다. 그 존재는 인정하되 어떻게든 해결하려고 애써서는 안 된다. 설마 모든 문제점을 없애고 세상에서 가장 뛰어난 사람이 되고 싶은가? 이런 생각 자체가 나쁜 영향을 미칠 수 있으므로 경계해야 한다.

　물론 인식이나 습관 같은 후천적 측면은 노력으로 바꿀 수 있다. 하지만 신체조건처럼 타고난 측면을 바꾸기는 어려운 일이다.

약한 점을 하나하나 바꿔보겠다고 애쓰느니 장점과 강점을 더욱 연마하는 데 집중해야 한다. 성공한 사람이라고 인생에 아무 문제가 없겠는가? 그들은 자기 문제를 똑바로 바라보고 멀리 떨어지기를 택한다. 그리고 장점과 강점을 갈고닦는 데 집중해 더욱 빛나게 만든다.

나만의 강점을 만들고 싶다면 꾸준히 애써야 한다. 처음에는 의심스러울지도 모르지만 애쓰다 보면 점점 나아지는 모습을 보게 될 것이다. 그 과정에서 맛보는 성취는 만족과 자신감으로 이어지고, 이런 좋은 감정은 더욱 크게 발전할 원동력이 된다. 되풀이하고 또 되풀이하자. 꾸준한 노력만이 당신을 더 유능하게, 더 뛰어나게 만든다.

그렇다고 모든 걸 잘하려고 하지 마라. 모든 분야에서 잘할 필요는 없다. 모든 사람에게 칭찬받지 못해도 좋다. 꼭 필요한 분야와 영역에서만 실력을 키우고 나머지는 한쪽으로 치워두자. 그러나 꾸준히 노력하더라도 발전이 없고 어려움만 생길 수도 있다. 만약 노력한 결과가 마음만큼 따라주지 않는다면 방향을 조금씩 틀어야 한다.

역방향으로
생각하라

✳

지금처럼 복잡다단하고 치열한 경쟁이 벌어지는 시대에는 성공 모델도 여럿이다. 전 세계 학생들이 하버드에 들어가려고 애쓰는 사이 빌 게이츠는 과감하게 학교를 그만뒀다. 하버드 경영대학원은 세계 최고 CEO를 기르는 요람이다. 한편 이곳을 거친 존 케네디, 조지 부시, 버락 오바마는 경영인이 아니라 최고의 정치인이 됐다. 하버드는 학생들의 발전을 위해서라면 모든 형태와 방식을 유연하게 받아들인다. 그들이 생각하는 성공 모델은 하나에 그치지 않는다. 만약 지금 당신이 선 길 위에서 성공이 흐릿하다면 생각을 완전히 바꿔보자. 그러면 새로운 세상이 보일 것이다.

20세기 초, 미국 종이회사 스카트는 고급 화장지를 만들고자 커다란 두루마리 형태로 종이를 들여왔다. 그런데 운송 실수로 종이가 주름지고 말았다. 창고 가득 쌓인 종이를 전부 버려야 할 위기였다. 스카트는 즉각 임원 회의를 열고 해결책을 고민했다. 임원들은 종이를 반품해 조금이라도 손실을 줄여야 한다고 입을 모았다.

하지만 어빈 스콧 회장은 반대했다. 그는 자기네 잘못을 공급처에 떠넘기면 그들에게 부담이 될 뿐만 아니라 신용에도 흠이 생기므로 절대 안 된다고 딱 잘라 말했다. 스콧은 생각을 거듭한 끝에 커다란 종이를 손수건 크기로 잘라서 팔기로 했다. 처음에는 자기 자신도 이 방법이 성공하리란 확신이 없었지만 막상 만들어보니 꼼짝없이 버려야 할 쓸모없는 종이가 아주 편리한 위생용품이 됐다.

스카트는 몇 차례 수정과 보완을 거치고 1907년 미국 최초로 미용 화장지 페이퍼타월을 출시했다. 이 제품은 호텔과 학교, 관공서에 공급되면서 크게 호평받았다. 페이퍼타월로 시작된 부드러운 화장지는 일상생활에 없어서는 안 될 생필품이 됐다.

사람마다 생각이 다르다. 타고난 조건과 후천적 영향 탓에 사고방식 자체가 다르다는 뜻이다. 우리 사고방식은 끝없이 발전한다. 매 순간 정보를 받아들이고 익히면서 생각이 넓어지고 깊어진다. 생각을 더 크게 키우고 싶다면 다음 방식을 참고하자.

첫째, 상상력을 발휘하자. 독일 철학자 헤겔은 창의력 넘치게 생각하려면 풍부한 상상력이 필요하다고 주장했다. 빠르게 바뀌는 세상에 적응하고 앞서나가려면 일상에서 상상력을 자극해야 한다. 모범답안을 찾으려는 태도를 버리고 상상의 나래를 펼치자. 일상에서 만나는 문제를 두 번, 세 번 생각하고 기존 경험과 지식을 더해 다시 한 번 생각하자. 그러면 전보다 많은 해결책이 떠오를 테고 그중에는 모범답안보다 멋진 길이 있으리라.

둘째, 다각도로 생각하자. 한 방향을 넘어서 다각도로 생각해야 수준 높은 결과가 나온다. 공부할 때 스스로 생각하지 않고 책에 적힌 내용을 그대로 따르거나, 직장에서 오로지 승진이나 연봉 인상만 생각한다면 그저 그런 성과에 그치고 만다. 탁월한 성과를 거두고 싶다면 다각도로 생각하며 남들이 보지 못하는 부분까지 끌어와야 한다. 문제를 생각할 때는 만약에, 어쩌면, 그게 아니면, 으로 시작하는 질문을 던지자. 여러 각도에서 문제를 바라보도록 자신을 격려해야 한다.

셋째, 고정된 사고방식을 무너뜨리자. 프랑스 의학사에서 가장 위대한 생리학자로 손꼽히는 클로드 베르나르는 이렇게 말했다. "학습의 가장 큰 방해물은 아직 모르는 뭔가가 아니라 이미 잘 아는 것이다." 고정된 사고방식은 쉽고 익숙한 방법을 골라 문제를 원만하게 해결하도록 이끈다. 일상에서 이 방식을 쓰면 여러 문제를 해결하는 데 힘과 시간을 아낄 수 있다. 하지만 새롭고 폭넓은 생각이 필요할 때 고정된 사고방식은 도리어 족쇄가 될 수도 있다. 그래서 새로운 지식을 받아들이거나 새로운 해결책을 생각하는 데 어려움을 겪는 것이다. 고정된 사고방식에 머무르지 말자. 뻔한 생각을 넘어 새로운 방식을 택하면 더 의미 있고 가치 높은 결과를 만들 수 있다.

넷째, 항상 의심하고 질문하자. 질문할 줄 아는 능력이 있는지 없는지는 학습과 새로운 생각의 발전에 큰 영향을 미친다. 이미 정론으로 굳은 내용이라도 끊임없이 질문을 던지고 조금이라도 힘과 시간을 아낄 방법을 찾아야 한다. 기존 생각과 사고방식을 돌아보고 좀 더 비판적인 태도로 꼼꼼히 살피자. 그 과정에서 새로운 사고방식을 만들 수 있다.

다섯째, 역방향으로 생각하자. '역방향 사고'란 평범한 사물 인식과 다른 방향으로 생각하고 고정관념과 다른 방법을 찾는 방식이다. 익숙한 방식을 버리기란 쉽지 않지만 낡은 관념의 속박에서 벗어나는 것만으로 한 단계 나아갔다고 볼 수 있다. 역방향으로 생각하는 사람은 새로운 사물을 두려워하지 않고 언제나 적극적으로 나아가려는 태도를 보인다. 또 그들은 남을 따라 하는 데 만족하지 않고 기존 방식에 물음표를 던진다.

미국 벨 연구소에 따르면 역방향 사고는 개인이 한계를 초월해 새로운 것을 발견할 수 있는지 결정한다. "가끔은 항상 가는 길을 벗어나 숲속으로 들어가도 좋습니다. 그곳에서 한 번도 본 적 없는 새로운 뭔가를 만나게 될 것입니다." 멋지지 않은가? 신비로운 숲에서 조용한 오솔길을 찾아내고 시냇물을 따라 깊이 들어가면 아무도 보지 못한 아름다운 풍경을 만날지도 모른다.

융통성은
기술이다

✳

하버드대학 27대 총장 로런스 서머스는 이렇게 말했다. "모든 학생은 자기만의 원칙을 지켜야 합니다. 그와 동시에 융통성을 배워야 하죠." 서머스 총장을 비롯한 모든 하버드인은 융통성이 얼마나 중요한지 잘 안다. 빛 속에 서면 어둠 속과 마찬가지로 아무것도 보이지 않는다. 고집부릴 줄만 알고 융통성이 없는 사람은 극단으로 치우치기 쉽다. 기본과 원칙을 지키되 살짝 경로를 바꾸면서 타인과 기분 좋게 교류할 줄 알아야 한다.

미국의 자기계발 전문가 데일 카네기는 뉴욕 중심가에 살았다. 그는 매일 아침 작은 불도그를 데리고 도보 한 시간 거리에 있는 삼림공원에 들렀다. 공원에는 지나다니는 사람이 적어서 강아지에게 목줄이나 입마개를 채우지 않았다. 어느 날 아침 역시 불도 그와 공원을 산책하던 카네기는 한 경관과 마주쳤다.

"선생님, 공공장소에서는 반드시 반려동물에게 목줄과 입마개를 채워야 합니다. 이렇게 마음대로 뛰어다니게 내버려두시면 과태료가 나오고요. 알고 계세요?"

"알고 있습니다. 하지만 이곳에는 지나다니는 사람이 드물어서 위험하지 않겠다고 생각했죠. 이 녀석은 아주 순해서 사람을 물지 않거든요."

"위험하지 않겠다고 생각하셨다고요? 법은 선생님께서 어떻게 생각하시든 똑같은 원칙입니다. 무슨 생각을 하시든 상관없어요! 만약 이 녀석이 다른 동물이라든지 지나가는 어린아이라도 물면 어떡합니까? 이번에는 그냥 넘어가지만 다음에 또 이런 일이 생기면 제가 아니라 판사를 만나게 될 겁니다!"

"잘 알겠습니다. 다음부터는 꼭 법대로 하죠."

하지만 불도그는 목줄과 입마개를 싫어했고 카네기도 억지로 채울 생각이 없었다. 결국 그는 운에 맡기기로 하고 아무 조치 없이 평소대로 산책에 나섰다. 그러다 일주일 후 그 경관과 다시 맞닥뜨렸다. 카네기는 경관이 말을 꺼내기 전에 냉큼 입을 열었다.

"아이고, 경관님. 정말 죄송합니다. 이번에는 체포돼도 할 말이 없습니다. 지난번에 경고하셨잖아요. 또 이런 일이 생기면 법적 조치를 취하시겠다고요. 제 잘못이니 어떤 처분을 내리시든 받아들여야죠."

카네기의 과장된 몸짓과 말투에 경관은 오히려 웃으며 말했다.

"다행히 오늘은 사람이 많지 않군요. 사랑하는 강아지를 묶어놓고 싶은 사람은 없죠."

"네, 정말 힘든 일입니다. 하지만 법을 따라야 하니까요."

"너무 심각하게 생각하실 필요 없습니다. 이렇게 하죠. 강아지와 함께 저쪽 언덕으로 넘어가세요. 제가 볼 수 없는 곳으로요."

우리는 매일 인간관계에서 생기는 모순과 갈등을 마주한다. 이때마다 딱딱하게 원칙을 지킬지, 상황에 따라 융통성을 발휘할지 골라야 한다. 다음은 하버드 심리학 수업에서 전수하는 방법이다. 일상에 적용하면 어디서든 환영받는 사람이 될 수 있다.

첫째, 눈치 빠른 사람이 되자. 인간관계에서 눈치는 꽤 놀라운 효과를 발휘한다. 주어진 상황을 살피고 평화로운 관계를 지킬 줄만 알면 마찰과 갈등은 줄어들고 힘을 아낄 수 있다. 눈치 빠른 사람은 불리한 요소와 상황을 유리하게 바꿀 줄 안다. 간단해 보이지만 상당히 어려운 일이고, 인간관계라는 복잡다단한 정글에서 살아남기 위한 지혜다.

둘째, 문제를 다각도로 바라보자. 상대가 당신의 관점과 방법에 반대한다면 그를 공격하기 전에 스스로 말한 내용을 점검해보자. 내 관점이 옳은가? 내 방법이 타당한가? 이 사람은 왜 반대할까? 각도를 바꿔 생각하면 문제의 새로운 면을 알아보고 원만한 절충안을 꺼낼 수 있다.

셋째, 사교 기술을 익히자. 융통성이 없는 사람은 사교능력도 부족한 경우가 많다. 가정, 학교, 회사, 어떤 곳이든 사회의 축소판이다. 그 안에서 원만한 인간관계를 만들어가려면 온갖 상황에 임기응변하는 능력이 필요하다. 융통성을 발휘해 다양한 사람과 일을 다루는 법을 배우고 소통 기술을 익히자. 사교도 능력이고 기술이다. 꾸준히 연마한 사람만이 좋은 결과를 얻는다.

넷째, 나쁜 습관을 고치자. 우유부단해서 결정을 내리지 못하거나 자기 의견만 내세우는 사람은 인간관계의 늪에 빠지곤 한다. 이런 사람들은 문제분석능력을 점검하고 빠르게 옳은 결정을 내리는 훈련이 필요하다.

변화하지 않고 하던 대로 따르거나 도중에 포기하는 습관이 있다면 생활 태도를 처음부터 끝까지 뜯어고쳐야 한다. 타인의 의견을 더 많이 듣고 자기 행동을 객관적으로 평가하며 반성하자. 그 과정에서 융통성을 발휘하며 일하는 법을 배울 수 있다.

권위라는 틀
부수기

사람은 대부분 권위를 맹신하며 그것이 당연히 옳다고 여긴다. 그래서 아무 생각 없이 권위에 따르다 자기 관점을 잃고 새로운 기회를 놓칠 때가 많다. 권위는 결코 진리가 아니다. 그러므로 권위를 맹신하기보다 자기 자신을 더 깊게 믿어야 한다. 그래야만 속박에서 벗어나 돌파구를 찾고 자기만의 길을 닦을 수 있다.

1938년 9월 21일, 거대한 허리케인이 미국 동부 해안을 덮쳤다. 미국의 저명한 역사학자 윌리엄 맨체스터는 《영광과 꿈 The Glory and the Dream》이라는 책으로 당시 상황을 그렸다.

오후 2시 30분. 잔잔하던 바닷물이 갑자기 요동치기 시작하더니 솟구쳐 올라 높은 벽을 만들었다. 이 벽은 상상할 수 없을 만큼 빠른 속도로 순식간에 해변을 집어삼켰다. 허리케인은 거대한 파도를 몰고 다니며 시속 160킬로미터로 북쪽을 향해 전진했다. 이때 들이닥친 파도는 그 높이가 약 12미터에 달했다. 놀란 주민들은 허둥지둥 차를 타고 내륙으로 내달렸다. 생사를 건 경주 같았다. 이 경주에서 그렇게 많은 사람이 목숨을 잃을 줄은 아무도 몰랐다.

당시 여러 기상학자가 허리케인 규모와 도착 시기를 예측했지만 기상청은 몇 가지 사소한 이유로 경보를 발령하지 않았다. 해안 마을 주민들 역시 풍향계나 기압계를 보고 뭔가 심상치 않은 기상 변화가 있으리라고 예측했다. 하지만 '권위 있는' 기상청이 아무 말도 없으니 신경 쓰지 않은 것이다. 다음은 이에 대해 맨체스터가 쓴 글이다.

얼마 후 놀라운 사실들이 드러나기 시작했다. 한 주민은 허리케인이 오기 며칠 전에 뉴욕에서 큰 상점에 방문해 새 기압계를 주문했다. 이 기압계는 예정대로 9월 21일 아침에 집으로 배달됐다. 포장을 뜯은 그는 기압계 바늘이 29 아래로 내려간 걸 보고 당황했다. 그 숫자는 허리케인과 토네이도를 뜻한다. 힘을 줘 기압계를 흔들어봤지만 바늘은 여전히 같은 자리를 가리켰다. 화가 머리끝까지 난 그는 기압계를 다시 포장해 차를 몰고 우체국으로 갔다. 그는 상자에 불량 반품이라고 휘갈겨 쓰고 뉴욕으로 반송했다. 그리고 다시 마을로 돌아오자 그의 집은 허리케인에 뜯겨 나가 벽의 흔적만 남아 있었다.

현지 주민 절대다수가 그와 같은 판단을 내렸다. 그들은 권위 있는 기상청이 아무 말도 하지 않았기에 분명한 사실을 보여주는 기압계와 풍향계를 무시하고 외면했다. 이처럼 권위에 대한 맹신은 종종 비극을 불러온다.

하버드에는 이런 말이 있다. '플라톤과 아리스토텔레스를 친구로 삼아라. 하지만 더 중요한 건 진리와 친해지는 것이다.' 이는 하버드가 학문을 대하는 태도, 즉 서슴없이 질문하라는 말과 일맥상통한다. 어떤 문제든 호기심과 의심을 품고 생각하며 끊임없이 질문을 던져야 한다. 이것이 바로 독립적인 생각의 시작이다. 질문 없는 생각은 얕을 수밖에 없다. 끊임없이 묻고 또 물을 때 더욱 능동적으로 깊이 생각할 수 있다. 권위에 빠지지 않으려면 주도적인 생각과 경험에서 지식을 얻어야 한다. 몇 가지 주의사항을 보자.

첫째, 익숙한 생각을 버리자. 문제가 생기면 인터넷이나 책을 뒤져가며 답을 찾지 말고 스스로 생각하는 능력을 길러야 한다. 세상의 의견을 받아들이지 말라는 뜻이 아니다. 익숙한 사고방식을 멀리하고 스스로 생각하는 습관을 들여야 한다는 말이다. 매체 접촉을 줄이고 어떤 간섭도 없이 스스로 생각할 줄 알아야 한다.

둘째, 열린 마음으로 다양한 정보를 받아들이자. 무난하고 인기 있다고 당신에게 잘 맞으리란 법은 없다. 어쩌면 생소한 문화나

비주류, B급 예술작품에서 자기 취향을 찾을 수도 있다. 중요한 건 잘 맞는 요소를 찾았을 때 이를 받아들이는 태도다. 언제나 새로운 관념과 생각을 열린 마음으로 받아들이고 낡은 사고방식의 쳇바퀴에서 빠져나와야 한다.

셋째, 자유롭게 생각하자. 늘 하던 방법을 버리면 완전히 다른 각도에서 문제를 바라볼 자유를 얻는다. 자유롭게 세상을 관찰하고 더 편안한 마음으로 자기만의 생각을 만들자. 그 생각을 타인과 나누면서 더욱 확대하고 발전시킬 수 있다.

넷째, 새로운 환경에 뛰어들자. 항상 똑같은 장소, 똑같은 시간에 똑같은 사람과 만나지는 않는가? 좀 더 다양한 환경에 뛰어들어 전과 다른 새로운 경험을 해보자. 사람들이 권위를 맹신하는 이유는 안정감에 있다. 한 테두리 안에서 안정감을 느낀다면 이미 권위에 순응한 셈이다. 스스로 생각하고 주도하는 삶을 원한다면 들어앉은 테두리에서 벗어나 새로운 환경에 뛰어들어야 한다.

다섯째, 질문을 연습하자. 질문도 연습해야 나아진다. 그동안 습관처럼 따른 방법과 생각에 문제를 제기하고 스스로 답하는 과정에서 즐거움을 찾아야 한다. 단, 냉소적인 질문은 피하는 게 좋다. 질문을 위한 질문을 던지기보다 이론과 실천을 기반으로 합리적인 질문을 던져야 한다.

사소한 아이디어를
황금으로 바꾸는 법

✳

하버드는 세계에서 가장 창의적인 인재를 기르는 대학이다. 하버드 경영대학원 교수 시어도어 레빗은 창의력 넘치게 생각하는 사람만이 이 시대에 성공한다고 단언했다. 창의력이 곧 성공이라 할 수는 없지만 만족스러운 삶을 사는 데 분명 큰 힘이 된다. 특히 새로운 인생을 원하는 사람들에게 창의력은 성공의 주춧돌 역할을 한다. 창의력은 누군가에게만 주어지는 능력이 아니다. 누구에게나 창의력을 발휘할 기회가 있고, 그 기회를 놓치지 않는 사람만이 성공한다.

젊은 집배원 빌 슐로터와 톰 콜먼은 동료이자 단짝 사이였다. 1987년 어느 날 그들은 길에서 아이들이 반짝거리는 응원봉을 들고 노는 모습을 봤다. 그 모습을 물끄러미 바라보던 두 사람은 이런저런 생각을 하다가 응원봉 위에 알사탕 하나를 올렸다. 그러자 응원봉에서 나온 빛이 알사탕을 뚫고 지나가며 아름다운 무늬를 만들어냈다. 두 사람은 이 작은 발명을 시작으로 빛나는 막대사탕 '글로우 팝'을 만들고 특허를 받았다. 그리고 제과회사 캡 캔디에 특허를 팔아 큰돈을 벌었다.

집배원에서 아마추어 발명가로 변신한 두 사람은 연이어 새로운 아이디어를 떠올렸다. '막대사탕을 끝까지 다 먹으려면 좀 지루한데, 더 재밌게 먹는 방법은 없을까? 입속에서 사탕이 저절로 회전하면 어떨까? 작은 모터를 달아볼까? 그거 재밌겠는데?' 두 사람은 아이디어를 즉시 행동으로 옮겼다. 몇 달 후 그들은 캡 캔디와 손잡고 자동으로 돌아가는 막대사탕 '스핀 팝'을 출시했다. 한 개에 3,900원인 스핀 팝이 6년간 6,000만 개나 팔려나가면서 슐로터와 콜먼은 엄청난 돈을 벌었다.

기적은 쭉 이어졌다. 캡 캔디 사장 존 오셔는 마트에 들렀다가 브랜드 전동칫솔 대부분이 6만 5,000원을 훌쩍 넘는 걸 보고 깜짝 놀랐다. 소비자들이 비싼 가격에 선뜻 사지 못하는 모습을 본 오셔는 빠르게 머리를 굴렸다. 스핀 팝 기술을 쓰면 6,500원보다 싸게 새로운 전동칫솔을 만들 수 있을 것 같았다.

오셔는 즉각 슐로터와 콜먼을 불러 기술 개발을 시작했다. 얼마 후 세 사람이 만든 저가 진동칫솔, '스핀 브러시'가 탄생했다. 스핀 브러시는 월마트에 나오자마자 인기상품이 됐고 2000년 한 해에만 1,000만 개 넘게 팔렸다. 스핀 브러시 열풍에 미국 최대

생활용품 기업 P&G는 크게 당황했다. P&G 전동칫솔은 생산비용이 너무 비싸 가격경쟁력이 없었기 때문이다.

2001년 1월, 길고 긴 협상 끝에 P&G가 스핀 브러시를 인수했다. 인수비용 2,145억 원에 창업자 오셔, 슐로터, 콜먼 세 사람 모두 3년간 P&G에서 일하는 조건이었다.

이후 1년간 전동칫솔 시장은 글로벌 마트 체인의 힘을 빌려 비약적으로 발전해 전 세계 35개 국가에서 주요 상품으로 자리 잡았다. 3년 후, P&G는 회사를 떠나는 세 사람에게 일시불로 4,030억 원을 지불했다. 초기에 받은 2,145억 원까지 더하면 세 사람은 이 작은 발명으로 총 6,175억 원을 벌어들인 셈이다.

물론 누구나 발명 하나로 이렇게 엄청난 돈을 벌 수는 없다. 하지만 그들이 오직 창의력 하나로 성공을 거뒀다는 점은 눈여겨볼 만하다.

성공의 기본은 창의력을 발휘하고 혁신을 일으키는 자세다. 이 과정에서 현재에 머무르려는 마음은 가장 큰 방해물이자 경계해야 할 적이다. 익숙함에 머무르려는 태도는 우리 영혼을 갉아먹고 성장의 발목을 잡으며 사사건건 간섭해 옴짝달싹하지 못하게 만든다. 창의력을 기르고 혁신적으로 생각하고 싶다면 다음 방법을 시도해보자.

첫째, 즐겁게 생각하자. 할 수 없다, 불가능하다, 필요 없다는 둥 나쁜 생각을 버리자. 뛰어난 사람들은 정보와 아이디어를 스펀지처럼 빨아들인다. 그들은 새로운 사상과 방식을 받아들이기를 주저하지 않는다. 발전과 성공을 원하며 기쁜 마음으로 최선을 다하고 언제나 열정 속에서 주어진 일에 힘쓴다.

둘째, 새로운 일에 도전하자. 지금 당장 뻔한 생활방식을 한쪽으로 치우고 이제껏 한 번도 없던 일을 시작하자. 새로운 취미를 갖고, 처음 가는 극장에서 영화를 보고, 새로운 모임에 들어가는 것도 좋다. 지금까지와 다른 출근길을 찾거나 평소와 다른 주말을 보내는 정도로도 충분하다.

줄곧 영업 분야에서 일한 사람이라면 이제부터 생산, 재무, 유통 같은 다른 분야에 관심을 기울이면 어떨까? 지금 하는 일에 도움이 될 뿐만 아니라 앞으로 중요한 일을 맡을 밑거름이 된다.

셋째, 지금보다 더 효율적인 방법을 찾자. 성공하는 사람들은 스스로 높은 기준을 제시하고 효율을 높이는 방법을 찾는다. 그들이 원하는 건 더 적은 비용으로 더 큰 보상을 얻고, 더 적은 힘으로 더 많은 문제를 해결할 방법이다. 불가능해 보여도 생각을 거듭하면 분명 좋은 방법이 나온다.

매일 일을 시작하기 전에 10분 정도 가만히 생각하는 시간을 갖자. 오늘은 어떻게 해야 더 잘할 수 있을까? 어떤 방법으로 해야 효율을 끌어올릴 수 있을까? 간단한 방법이지만 효과는 무척 크다. 꼭 시도해보기를 바란다. 생각보다 훨씬 좋은 방법이 많이 떠오를 것이다.

넷째, 잘할 수 있다고 말하자. 가장 탁월하고 커다란 성공은 언제나 스스로 더 잘할 수 있다고 생각하는 사람에게 주어진다. 우선 중요한 일과 사소한 일을 나누자. 사소한 일은 미뤄두고 가장 중요한 일부터 시작하자. 일을 하나씩 해치우면서 자신감이 생기고 더 잘할 수 있다는 확신이 들 것이다.

다른 사람의 칭찬과 격려, 보상도 좋지만 자기암시가 가장 중요하다. 시간 날 때마다 스스로 더 잘할 수 있다고 속삭이자.

다섯째, 창의력을 자극하자. 우선 업계 모임에 가입하고 꾸준히 참가해야 한다. 여러 사람이 모이고 크게 활성화된 곳일수록 좋다. 이곳에서 업계 동향이나 흐름을 다루는 다양한 정보와 의견을 듣고 나누자.

그러는 한편 다른 업계 모임에도 들어가야 한다. 다른 분야 사람들을 만나면 시야가 넓어지고 더 큰 세상을 만날 수 있다. 이런 모임은 성장에 좋은 자극이 될 것이다.

여섯째, 생각으로 그치지 말자. 상상의 결실인 창의적 아이디어는 적절한 관리와 실천을 거쳐야 비로소 가치를 얻는다. 다음 방법을 참고하자.

- 창의적인 아이디어가 떠오르면 흘려보내지 말고 바로 적어두자. 그때그때 남겨두지 않으면 연기처럼 사라지고 만다.
- 기록한 아이디어를 틈날 때마다 보충하고 강화하자. 아이디어를 수시로 점검하고 평가해서 좋은 아이디어는 남기고 나

쁜 아이디어는 버리자.

- 살아남은 아이디어를 다각도로 분석하고 연구한 뒤 일과 생활에 도움이 되도록 실현하자.

Frustration

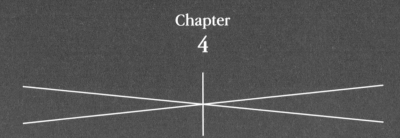

Chapter
4

[나쁜 감정 3]

좌절

희망을 꺼뜨리는 독소

Harvard
Message

사람들은 하버드 경영대학원에 들어가면 탄탄한 미래가 보장되니 걱정이 없겠다고 생각한다. 하지만 실상은 다르다. 대학원 과정 2학년이 되면 얼마 지나지 않아 무시무시한 지옥의 일주일이 시작된다. 매년 11월 둘째 주, 학생들은 예외 없이 각종 면접에 임해야 한다. 일주일간 수많은 면접관을 상대로 자기가 얼마나 재능 넘치고 비전 있는 사람인지 드러내기란 쉬운 일이 아니다. 반나절만 지나도 녹초가 되는 일을 하루도 쉼없이 일주일 내내 이어가야 한다. 지옥의 일주일은 사회로 나가기 전에 반드시 거치는 훈련과정이다. 답변 도중 면접관의 신랄한 비판에 부딪히기도 하지만 기죽거나 울상 지을 필요는 없다. 좌절은 자기 결점을 바라보며 반성할 기회고, 이로써 자기 자신을 더욱 가다듬을 수 있으니 말이다. 하버드대학은 학생들이 좌절을 극복하면서 강자로 올라서고 성공을 거머쥐도록 돕는다.

내 인생의 결말은
내가 쓴다

✕

갓 태어난 사람은 하얀 도화지 같은 존재다. 삶이라는 도화지에 어떤 사람은 행복을, 어떤 사람은 고통을 그린다. 도화지가 어떻게 되든 내버려두다가 우연히 찍은 점이 화룡점정이 될 때도 있고, 내내 소중히 아끼고 가꾸면서도 원하는 대로 예쁘게 그려내지 못할 때도 있다.

그야말로 삶의 잔혹한 면이다. 삶은 연필로 쓴 문장처럼 지우고 다시 쓸 수도, 멀리 떠난 여행처럼 제자리로 돌아올 수도 없다. 고난이든 행복이든 찾아오는 운명을 묵묵히 받아들여야 한다. 모든 순간이 생방송이자 리허설 없는 현장이다. 그저 이 한 편의 무대가 잘 이어지기만을 바랄 수밖에 없다.

2010년 하버드대학에서 박사학위를 받은 리즈 머리 이야기는 사람들에게 큰 감동을 전했다. 사람들은 그녀의 이야기를 들으면서 불행한 삶 속에서도 최선을 다하면 행복해질 수 있다는 사실을 배웠다.

리즈는 1980년 뉴욕 브롱크스 빈민가에서 태어났다. 히피이자 마약중독자였던 부모를 둔 리즈는 악취가 진동하는 집에서 굶주림에 시달리는 어린 시절을 보냈다. 나중에는 학비를 내지 못해 학교도 그만뒀다. 리즈는 8살 때부터 언니와 함께 길거리에 나가 구걸했다. 겨울이면 고드름을 녹여 먹으며 맛있는 음식이라고 상상하기도 했다.

15살이 되자 에이즈에 걸린 어머니가 죽고 아버지는 보호소에 들어갔다. 자매는 떠돌이가 됐다. 언니 리사는 친구네 집 소파를 빌릴 수 있었지만 리즈는 갈 곳이 없었다. 지하철, 지하도, 벤치 등 어디든 몸 누일 곳을 찾아다녔다.

어머니의 죽음으로 큰 충격을 받은 리즈는 절대로 지금처럼 살지 않겠다고 다짐했다. 그녀는 학교로 돌아가 제대로 공부하는 길만이 운명을 바꿀 방법이라고 생각했다.

당장 학교에 찾아가 입학을 신청했지만 더러운 옷을 입은 리즈를 반기는 곳은 없었다. 하지만 그녀는 포기하지 않고 꾸준히 입학신청서를 넣었고, 결국 한 대안학교 교장의 마음을 움직였다. 리즈는 이 학교에서 고등학교 4년 과정을 2년 만에 해치우는 속성반에 들어갔다. 다시 학생이 됐지만 생활비를 마련하려면 쉴 틈 없이 일해야 했다. 리즈는 틈날 때마다 계단이나 길거리에 쪼그리고 앉아 공부했다. 그 와중에도 각종 특별활동에 참여했고 전과목 A라는 우수한 성적으로 졸업했다.

옷과 음식은 여전히 부족했지만 리즈는 학교에서 공부하며 삶의 의미를 깨달았다. 끊임없이 도전한 그녀는 마침내 하버드대학에 입학했고 〈뉴욕타임스〉 특별 장학금 1,560만 원을 받게 됐다. 리즈의 이야기가 전해지자 쟁쟁한 인사들이 나타나 학자금과 생활비로 쓰라며 2억 6,000만 원이 넘는 돈을 기부했다.

리즈는 한 인터뷰에서 이렇게 말했다. "언젠가 내 삶을 직접 그릴 날이 올 거라고 믿었습니다. 어머니가 돌아가셨을 때, 그 무엇도 꿈을 가로막게 두지 않겠다고 마음먹었죠."

2009년 하버드대학에서 석사학위를 받은 리즈는 학교에 남아 임상심리학 박사로 거듭났다. 인생에는 각본이 없지만 결말을 다시 쓸 수는 있다. 운명에 굴복하지 않고 용감히 싸우면 결말을 바꿀 기회가 온다.

영국 철학자 프랜시스 베이컨은 이렇게 말했다. "자연현상을 초월한 기적은 역경을 이기고 좌절을 뛰어넘는 과정에서 탄생한다." 만약 좌절을 겪고 있다면 다음 방법을 시도해보기를 바란다. 좌절의 아픔을 달래고 문제를 풀어낼 방법이 떠오를 것이다.

첫째, 적절한 목표를 세우자. 누구에게나 장점과 단점, 강점과 약점이 있다. 목표를 세우기 전에 우선 자기 자신을 정확히 파악하자. 장점과 강점을 발휘하고 단점과 약점을 이겨낼 방법을 찾

자. 그 후에 상황에 걸맞은 목표를 세워야 한다.

둘째, 실수를 받아들이자. 누구나 실수를 저지른다. 사회에서 큰 역할을 하고 싶다면 실수를 저지르며 배워야 한다. 이 과정에서 어떤 태도로 실수와 마주하는가가 중요하다. 담담하게 실수를 받아들이고 즉각 적절하게 조치하자. 실수에서 경험과 교훈을 얻고, 두 번 다시는 같은 실수가 없어야 한다.

셋째, 타인과 비교하지 말자. 자기 자신을 평가하는 데 남의 성과를 기준으로 삼아서는 안 된다. 주변을 돌아보면 자신이 아닌 타인에게 더욱 집중하는 사람이 허다하다. 남들과 비교하는 데 낭비할 힘을 끌어모아 자기 자신에게 쓰자. 더 독립적이고 자유로운 마음가짐으로 자기만의 원칙과 기준을 세워야 한다.

넷째, 자기 자신을 받아들이자. 자신을 있는 그대로 받아들이는 사람은 늘 행복하고 자신만만하다. 진정한 강자는 자신을 객관적으로 인식하며 상황에 따라 위치를 바꿀 줄 안다. 이들은 자신이 뭘 잘하고 못하는지 안다. 따라서 발전과 개선에 힘쓰며 더 나은 사람이 되고자 노력한다.

다섯째, 신념을 지키고 이상을 그리자. 우리는 기나긴 인생에서 크고 작은 실패와 좌절을 마주하고, 예상치 못한 곤경에 빠지기도 한다. 이때 가장 믿음직한 무기는 신념과 이상이다. 이 두 무기는 요동치는 감정을 잠재워 평온한 마음을 지키고 정상궤도에서 벗어나지 않도록 막아준다.

'자신감'은
어떻게 만들어지는가

하버드대학을 졸업한 작가 헨리 데이비드 소로는 《월든》에서 이렇게 말했다. "사람이 꿈꾸는 방향으로 자신 있게 나아가며 소망하는 삶을 위해 애쓴다면 생각지도 못한 성공을 이룰 것이다. 그때 그는 과거를 뒤로하고 보이지 않는 경계를 넘는다. 새롭고 두루 통하며 더욱 자유로운 법칙이 그 주변과 내부에 세워질 것이다. …… 그가 삶을 소박하게 바꿀수록 우주의 법칙은 더욱 뚜렷해진다. 이제 고독은 고독이 아니고, 빈곤은 빈곤이 아니며, 연약은 연약이 아니다." 이 아름다운 문장은 하버드의 문화로 자리 잡았다. 하버드 학생들은 원하는 바를 포기하지 말라는 뜻을 가슴에 새기며 캠퍼스를 누빈다.

그는 영국 출신 건축가였다. 젊은 시절부터 뛰어난 건축설계로 인정받았고, 이후 윈저시청 로비 설계를 맡았다. 그는 뛰어난 역학지식에 풍부한 경험을 더해 기둥 하나로 로비 천장 전체를 지탱하는 절묘한 설계를 완성했다.

1년 후 윈저시청이 완공됐다. 윈저시는 정식으로 문을 열기 전에 권위 있는 인사들을 초대해 건축 공정 심사를 요청했다. 그런데 이들은 기둥 하나로 드넓은 로비 천장을 지탱하는 건 위험천만한 일이라며 당장 기둥을 추가하는 공사를 시작해야 한다고 입을 모았다.

패기 넘치는 젊은 건축가는 단칼에 거절했다. 그는 이 설계가 어떻게 가능한지 보여주는 역학 자료를 근거로 자세히 설명했으니 단지 위험해 보인다는 이유로 보강할 수는 없다고 주장했다.

윈저시 고위 관리들 눈에 건축가의 자신감은 괜한 고집으로밖에 보이지 않았다. 급기야 이 건축가는 시청을 위험천만하게 만들었다는 이유로 법정에 불려 나왔다. 결국 그는 사방에서 쏟아지는 압박을 이기지 못하고 로비의 네 귀퉁이에 기둥을 하나씩 더하겠다며 한 발 물러섰다.

그러나 거짓말이었다. 건축가는 설계에 조금도 문제가 없다고 생각했다. 따라서 추가한 기둥 4개가 천장에 닿지 않도록 2센티미터 짧게 만들었다. 겉보기에는 멀쩡한 기둥이지만 실상은 역할을 전혀 못 한 셈이다.

이후 300년이 흘렀다. 시청으로 출근하는 공무원은 수없이 바뀌었지만 로비 기둥은 처음 지었을 때처럼 견고하게 서 있었다.

1990년대 후반, 윈저시가 로비 천장 보수 공사를 시작하면서 건축가가 남긴 비밀이 세상에 드러났다.

이 놀라운 소식이 전해지자 세계 각국의 유명 건축가와 관광객이 이 신기한 기둥을 보려고 몰려들었다. 그들은 윈저시청을 두고 '무지를 조롱한 건축물'이라 불렀다.

이 비밀을 남긴 건축가는 바로 크리스토퍼 렌이다. 한 기록에 따르면 당시 그는 윈저시 고위 관리들에게 이렇게 말했다. "나는 확신합니다. 100년 후에, 어쩌면 더 긴 시간이 흐른 후에 당신들은 이 기둥을 보고 입을 떡 벌린 채 아무 말도 못 할 겁니다. 그저 눈만 껌뻑거리겠죠. 후대에 이렇게 전하고 싶습니다. 그들이 보는 건 기적이 아니라 내 자신감이라고."

하버드 졸업생에게 대학에서 뭘 배웠느냐고 물어보면 수준 높은 전공지식과 자신감이라는 대답이 돌아올 것이다. 하지만 어떤 사람은 자기 능력을 끊임없이 의심한다. 그들은 자신에게 상황을 바꾸거나 문제를 해결할 능력이 없다면서 우울해한다. 자기 자신을 있는 그대로 받아들이고 만사를 좋게 생각해야 한다. 조금만 노력해도 전보다 훨씬 큰 자신감을 품게 될 것이다. 자신감을 얻기 위한 행동 요령을 보자.

첫째, 열등감의 근원을 찾자. 누구에게나 나쁜 일면이 있다. 우선 어떤 부분에서 열등감을 느끼는지, 왜 그 부분에 자신감이 없는지 생각해보자. 이 고민이 앞서야 열등감을 없애고 자신감을 품을 수 있다. 예를 들어 과거에 용납하기 어려운 잘못을 저질러 열등감이 생겼을 수도 있다. 사람들이 당신을 적대하는 것 같다는 생각 때문일 수도 있다. 어떤 이유든 지금 상황을 만든 이유를 찾아내 상세히 분석하고 용기를 내 친구나 가족의 의견을 들어보자. 그들이 당신의 나약함을 비웃을까 걱정할 필요 없다. 타인에게 고민을 털어놓는다면 그 자체로 자신감을 끌어올릴 수 있고 예상치 못한 도움을 받을 수도 있으니 말이다.

둘째, 좋은 자기암시를 습관으로 만들자. 침대 머리맡, 사무실 책상 위 어디든 좋은 암시를 불러오는 문구를 붙여두자. 그리고 그 문구를 매일 아침, 일하는 사이사이, 혹은 잠자기 전에 몇 번씩 되풀이해서 읽어보자. 새로운 사람을 만나서 긴장될 때도 도움이 될 것이다. 이처럼 좋은 자기암시는 용기와 투지를 끌어올리고 힘을 북돋는다.

셋째, 호감 가는 외모를 가꾸자. 깔끔하게 다림질한 와이셔츠, 단정한 치마 같은 옷차림은 행동까지 멋져 보이게 만든다. 정돈된 외모는 타인의 호감을 부르며 자신감을 준다. 사람을 대하는데 열등감이 앞선다면 머리부터 발끝까지 깔끔하게 꾸며보자. 화려하거나 과하게 꾸미라는 말이 아니다. 집을 나서기 전, 사람을 만나기 전에 시간을 내 거울을 보고 머리 모양이나 옷매무새, 개인위생을 점검하는 습관을 들인다면 충분하다. 깔끔하고 호감 가는 자기 모습을 보면 자연스럽게 자신감이 생길 것이다.

넷째, 타인을 똑바로 바라보자. 사람의 눈빛에는 정보가 담긴다. 상대방을 똑바로 바라보지 못하는 이유는 2가지다. 하나는 자신이 그보다 못하다는 열등감을 느끼기 때문이고, 다른 하나는 상대에게 자신을 드러내고 싶지 않기 때문이다. 타인을 똑바로 바라보는 사람은 상대에게 긍정적인 정보를 전한다. 상대를 똑바로 바라보며 원하는 정보를 얻고, 그가 원하는 정보를 전하자. 이렇게 하면 자신감이 생기고 상대의 믿음을 얻을 수 있다.

다섯째, 자책하지 말자. 자신감 없는 사람은 자기 단점만 바라보고 장점은 외면한다. 열등감을 품은 사람은 항상 자기 단점과 남의 장점을 비교한다. 이래서는 나쁜 감정을 일으킬 뿐 아무 도움이 되지 않는다. 누구에게나 부족하고 약한 부분이 있다. 그러니 종일 그것만 생각하며 자책할 필요는 없다. 유일무이한 존재인 당신에게는 타인에게 없는 뭔가가 반드시 있다. 나는 어디서나 환영받는 사람이라고 믿어야 한다. 설령 실패를 겪고 좌절하더라도 믿음을 지켜야 한다.

난관을 대하는
마음가짐

하버드대학에서 열린 공개 강의 도중 교수가 청중에게 질문을 던졌다. "여러분이 살면서 상상하기도 싫은 난관을 만났다고 가정합시다. 그 난관은 건널 수 없는 늪일까요, 아니면 새로운 삶을 시작할 계기일까요?"

사람들의 다양한 의견을 들은 후 교수가 내린 결론은 이랬다.

"결국 해결책을 찾는 능력이 관건입니다. 난관이 닥쳤을 때 예리한 판단력과 과감한 결단력이 없으면 망망대해를 떠도는 작은 배처럼 파도가 이끄는 대로 흔들리며 살아야 합니다. 성공에 도달할 가능성은 아주 낮죠."

대학을 갓 졸업한 빌은 원하던 대로 지역 언론사 〈스타〉 기자로 취직했다. 어느 날 상사가 그에게 명망 높은 크리스 대법관을 인터뷰하라고 지시했다.

　이렇게 중요한 인물과 인터뷰라니! 신출내기 기자인 빌에게는 버거운 일이었다. 이 임무 결과에 따라 회사에서 자기 위치가 정해질 거라고 생각하니 중압감에 잠도 이루지 못했다. 애초에 인터뷰 의뢰부터가 문제였다. 인터뷰는 고사하고 대법관이 신입 기자를 만나주기나 할지 의문이었다. 이때 동료 톰이 빌의 어깨를 두드리며 말했다. "네 심정 잘 알아. 하지만 그렇게 걱정할 필요 없어. 이렇게 생각해봐. 너는 지금 어두운 방 안에 웅크렸고, 밖에는 햇빛이 반짝이지. 방에만 있으면 햇볕이 얼마나 따뜻한지 알 수 없어. 어찌 되건 직접 부딪혀봐야지."

　톰은 빌의 책상에 놓인 전화를 당겨다가 크리스 대법관의 사무실에 연락했다. 그러고는 비서가 전화를 받자 거침없이 말했다. "안녕하세요! 저는 〈스타〉 소속 기자입니다. 대법관님을 뵈어 이야기를 나누고 싶은데요. 혹시 오늘 만나주실 시간이 있을까요? 네, 기다리겠습니다."

　며칠이나 밤낮으로 고민하던 일이 눈앞에서 벌어지자 빌은 너무 놀라 정신이 없었다. 수화기를 든 톰은 멍하니 주저앉은 빌을 흉내 내며 우스꽝스러운 표정을 지었다. 잠시 후 톰이 대답했다. "감사합니다. 그럼 내일 오후 1시 15분에 사무실로 가겠습니다." 그는 전화를 끊고 싱긋 웃었다. "봤지? 앉아서 생각만 하느니 그냥 바로 시작하는 게 좋아. 더 좋은 방법이 어디 있겠어? 잊지 마! 내일 오후 1시 15분에 대법관을 만나야 해!" 어안이 벙벙해서 말문이 막힌 빌은 그제야 얼어붙은 표정을 풀었다.

몇 년 후 빌은 〈스타〉의 수석기자가 됐지만 그때를 잊지 않았다. "그때부터 저는 난관을 상대로 물러서지 않고 정면에서 맞섭니다. 물론 그런다고 문제가 꼭 해결되지는 않죠. 하지만 웬만하면 아주 좋은 방법이랍니다."

난관은 위기이자 기회다. 미국의 저명한 심리학자 에이브러햄 매슬로는 이렇게 말했다. "난관 앞에 용감하게 맞선다면 진보할 수 있다. 반대로 겁먹고 물러서면 퇴보할 뿐이다." 살면서 부딪히는 모든 난관은 성장할 기회이기도 하다. 물론 누구에게나 이런 기회가 생기지는 않는다. 긍정적인 마음으로 난관과 마주한 사람만이 기회를 잡는다. 일상에서 난관을 만나면 어떻게 해야 할까? 다음 방법들이 도움이 될 것이다.

첫째, 난관을 정확히 인식하자. 난관을 만나도 당황하지 않고 여유롭게 대처하려면 우선 눈앞에 놓인 난관을 정확하게 인식할 줄 알아야 한다. 언제까지고 순풍 앞의 돛단배처럼 사는 사람은 없다. 그런데도 어떤 사람들은 그 크기나 무게와 관계없이 난관을 마냥 두려워하고 소심하게 대한다. 이들은 일어나지도 않은 나쁜 일을 상상하면서 비관과 우울에 빠진다. 정도가 심하면 살아갈 용기마저 잃어버린다. 실제로는 그렇게까지 무시무시한 일이 아닌데도 말이다. 용기를 내 난관을 마주하고 그 실체를 똑바로 바라보는 게 문제 해결의 첫걸음이다.

둘째, 불합리한 믿음을 버리자. 미국 심리학자 앨버트 엘리스는 이렇게 말했다. "난관이 좌절로 이어질지는 난관 자체가 아니라 난관을 제대로 인식하는지에 달렸다." 그는 모든 사람에게 이성적인 면과 비이성적인 면이 있는데, 걱정과 우울 같은 나쁜 감정과 심리 문제는 비이성적인 면에서 비롯된다고 지적했다. 비이성적 사고, 즉 불합리한 믿음은 더 큰 좌절을 불러오는 원흉이다. 불합리한 믿음에는 3가지 특징이 있다.

① 절대화

가장 흔한 특징이다. 불합리한 믿음을 가진 사람은 객관적 사실을 무시하고 좋을 대로 생각한다. 이는 어떤 일이 반드시 생기거나 절대로 생기지 않을 거라는 근거 없는 믿음이다. 이런 불합리한 믿음은 '당연히 그래야 해', '그럴 수밖에 없지' 같은 말로 합리화되곤 한다.

② 일반화

일반화하는 특징을 지닌 사람은 1을 10으로, 부분을 전체로 보므로 어떤 문제를 대하든 극단으로 치닫곤 한다. 이는 곧 자신 혹은 타인에 대한 불합리한 평가로 이어진다. 또 난관에 부딪히면 자신을 부정하고 과도하게 자책하며, 어느 순간부터는 문제 원인을 밖으로 돌려 타인과 사회에 적개심을 품는다.

③ 극단화

작은 난관에도 하늘이 무너진 듯 절망하는 사람이 있다. 이들은 자기 자신과 그를 둘러싼 환경이 모두 엉망으로 보이는 탓에 마땅한 해결책을 찾지 못한다. 이런 불합리한 믿음에 자아를 맡기면 비관과 우울 같은 나쁜 감정이 생겨나고 감정의 악순환에서 벗어나지 못한다.

정도는 다르지만 누구에게나 불합리한 믿음이 있다. 이를 의식해 스스로 조정하고 억제하려고 애쓴다면 나쁜 감정을 잠재울 수 있다.

마지막으로, 냉정하게 생각하자. 난관을 마주하면 스스로 이런 질문을 던져보자.

- 지금 눈앞에 놓인 난관과 내가 느끼는 고뇌는 무엇인가?
- 이 상황에서 나는 무엇을 할 수 있는가?
- 내가 해야 할 일은 무엇인가?
- 언제 문제 해결을 시작할 것인가?

이 4가지 질문에 올바른 답을 내놓고 해결책을 찾는 순간 더 높은 수준으로 성장하게 될 것이다.

마음의 등불을
꺼뜨리지 말라

　하버드에서 석사학위를 받은 중국 문학가 린위탕은 작품에서 이렇게 말했다. "행복과 불행 사이에는 얇은 종이 한 장이 있을 뿐이다. 당신이 그 종이를 행복이라고 여기면 행복이고, 불행이라고 여기면 불행이다." 이것이 바로 하버드에서 공부한 그가 불행을 대하는 태도다. 이상을 향해 나아가는 길은 늘 가시밭이며 주위는 황량하기 그지없다. 걷고 또 걷다 보면 온몸은 상처투성이가 되고 발에서는 피가 난다. 무엇보다 견디기 힘든 건 외로움이다. 하지만 힘들고 외롭다고 나아가기를 멈춘다면 꿈꾸는 성공은 절대 찾아오지 않는다.

　위그 드 몽탈랑베르Hugues de Montalembert는 800년 넘는 역사를 자랑하는 프랑스 귀족 가문에서 태어났다. 그는 어릴 때부터 많은 책을 읽고 그림에 소질을 보였으며 대학에서는 법학을 전공했다. 25세가 되자 위그는 안락한 삶을 뒤로하고 세상을 떠돌며 화가와 연출자라는 꿈을 이루기로 결심했다.

1978년 어느 깊은 밤, 집에서 쉬던 위그는 끔찍한 일을 당했다. 강도가 침입해 얼굴에 황산을 부어 두 눈이 먼 것이다. 엄청난 고통에서 깨어난 위그는 앞으로 아무것도 볼 수 없다는 생각에 절망했다. 35세에 생긴 일이다.

온몸이 부서지는 듯한 고통과 끓어오르는 분노, 암흑뿐인 세상을 마주하는 공포, 미래에 대한 불안이 위그의 몸과 마음을 뒤흔들었다. 시간이 흘러 찾아오는 친구도 줄어들고 그가 만나는 세상은 점점 작아졌다. 외출이 어렵기에 종일 홀로 방에서 멍하니 지내야 했다.

두 눈을 잃은 예술가는 몸과 마음의 이중고를 겪으며 지나온 세월을 돌이켰다. '다치기 전에는 사방으로 돌아다니며 그림을 그리고 글을 쓰느라 바빴지. 일상의 리듬이 어찌나 빠른지, 인생에 대해 생각해보지도 못했어……'

끔찍한 불행을 겪고 고통스러운 반년이 흐른 후, 위그는 삶의 의미를 생각하기 시작했다. 그 결과 그는 자기 상황이 생각만큼 끔찍하지 않다는 사실을 깨달았다. '난 아직 소리를 들을 수 있어. 손으로 감촉을 느낄 수 있고, 두 다리로 걸을 수 있고, 무엇보다 크게 웃을 수 있어!' 이후 위그는 온 힘을 다해 행복한 삶을 되찾기로 마음먹었다.

불행에 완강히 저항하고 용기 있게 맞서는 과정은 일종의 재교육이었다. 눈을 대신할 손바닥과 손끝으로 글을 쓰고 그림을 그렸다. 여러 강의를 듣고 암벽등반도 시도했다. 그는 할 수 있는 일을 찾으면서 삶의 범위를 넓히고자 애썼다. 차츰 주변 환경과 조건에 적응하면서 정보를 얻고 이해하는 데 어려움이 사라지고 시각 대신 더욱 풍부한 감각으로 대자연을 느끼게 됐다.

시간이 흐를수록 과거의 불행은 사라지고 그 마음은 삶에 대한 사랑으로 가득찼다. 그의 삶은 늘 활기차고 힘이 넘쳤으며 즐거움으로 가득했다. 한때 끔찍한 불행에 몸부림치던 위그는 이렇게 말했다. "눈의 빛을 잃은 건 두렵지 않습니다. 가장 두려운 일은 마음속의 등불이 꺼져 다시 환해지지 못하는 거겠죠."

불행이 천재를 만드는 걸까, 천재가 불행을 따라가는 걸까? 시인 존 밀턴은 시력을, 음악가 베토벤은 청력을 잃었다. 바이올리니스트 파가니니는 실어증에 걸렸다. 혹시 신이 천재와 불행을 짝지은 걸까? 아무리 경험 많고 학식이 뛰어난 사람이라도 이들의 성공과 불행을 명쾌하게 설명하지 못한다. 다만 확실한 사실은, 불행이란 약한 사람에겐 실패로 떨어지는 벼랑이지만 강한 사람에겐 성공으로 올라가는 계단이라는 점이다.

불행이든 행복이든 이미 일어난 이상 되돌릴 수 없다. 대신 우리는 사건을 대하는 태도를 정할 수 있다. '어떤 태도로 인생을 마주할 것인가'는 곧 '어떤 삶을 살 것인가'와 같은 뜻이다. 불행을 인정하고 받아들이려면 아래 행동 요령을 따르자.

첫째, 불행의 존재를 인정하자. 세상에는 언제나 고난이 있다. 인생이 있다면 불행도 함께하기 마련이다. 우리는 태어나는 순간부터 행복과 불행이 끊임없이 찾아오는 시험을 치른다. 불행을 어떻게 마주하는가는 철학계의 오랜 화두였다. 어느 날 갑자기 하늘에서 뚝 떨어진 불행은 감당하기 힘든 공포와 절망을 불러온다. 더 무서운 점은 새로운 불행이 언제든지 찾아오며, 고난은 우리 삶에 흐르는 반주곡이라는 사실이다.

둘째, 담담하고 의연하게 받아들이자. 불행 앞에서도 평소와 다름없이 지내려면 죽음을 택하는 것보다 더 큰 용기와 강인함이 필요하다. 잔혹한 세상이 두려운 건 당연한 일이다. 이런 세상에서 굳세게 살아가려면 강한 마음과 용기를 가져야 한다.

평소 마음이 약하고 자아가 불완전한 사람은 작은 불행에도 송두리째 흔들리며 "이 세상에 나만큼 불행한 사람은 없어!"라고 울부짖는다. 비탄과 무력의 늪에 빠지지 않으려면 불행 앞에 담담하고 의연하게 대처해야 한다.

셋째, 절대로 희망을 잃지 말자. 불행을 마주하면 희망을 더 세게 붙잡아라. 강조하건대, 우리는 희망만 있으면 살 수 있다. 당장은 큰 효과가 없을지도 모른다. 하지만 희망을 붙잡은 자만이 절망의 순간에도 중심을 지키는 법이다. 희망은 쉽게 얼굴을 보여주지 않는다. 희망은 최대한 애쓰며 자신을 만들어가는 도중에만 만날 수 있는 고귀한 존재다.

넷째, 아름다운 미래를 믿자. 불행 속 희망과 고난 중 행복은 특히 소중하다. 크나큰 불행이 닥쳤음에도 희망이 있다고 믿는 마음은 대책 없는 낙관이 아니라 긍정적인 삶의 태도다.

불행이 사람을 강하게 만든다고는 할 수 없다. 불행은 걷잡을 수 없는 원망과 분노를 일으키기 때문이다. 불행을 마주할 때 당신을 강하게 만드는 건 '긍정적인 삶의 태도'다. 그런 태도와 마음으로 불행을 바라보고 그 안에 숨은 뜻을 이해할 때 더 많이 배우고 성장할 수 있다.

세상은
모두에게 불공평하다

✕

"삶은 불공평한 경쟁이다. 익숙해지고 받아들이는 수밖에 없다." 빌 게이츠가 남긴 말이다. IT기업의 대명사 마이크로소프트를 세우고 성공을 일군 그가 세상의 불공평을 겨냥해 볼멘소리하다니, 아이러니하지 않은가? 한때 그가 몸담은 하버드도 이 문제에 대해 '세상은 원래 불공평하며, 삶의 본질이 곧 불공평이다'라는 다소 허무한 대답을 내놨다. 이런 불공평은 개인의 거의 모든 발전 단계마다 촘촘하게 놓여 있고, 시간이 흐르며 사회적 지위가 올라갈수록 명확해진다. 현실을 인식하지 못한 채 세상은 왜 내게만 불공평하냐고 불평하는 사람은 한탄을 늘어놓으며 살 수밖에 없다.

1939년, 20세 청년 스탠리 카플란은 우수한 성적으로 뉴욕시립대학을 졸업했다. 그는 의학대학원에 들어가 공부할 계획이었지만 그가 지원한 다섯 학교 모두 입학을 거절했다. 카플란은 자서전에서 당시 상황을 이렇게 회고했다. "나는 유대인이고 시립대학을 졸업했다. 이 2가지만으로 그들이 나를 거부할 이유는 충분했다." 카플란은 이런 처사가 너무 불공평하다고 생각했다. 의학대학원에 들어가기만 하면 자기가 유명 사립대학 졸업생보다 뛰어나다는 걸 증명할 수 있는데 기회조차 주어지지 않으니 속상하기만 했다.

당시 유대인은 미국 교육계에서 이방인 취급을 받았다. 사회는 유대인에게 고등교육 기회를 주는 데 인색했고 제대로 교육받으려면 뛰어난 실력을 무기로 시험에 합격하는 수밖에 없었다. 실제로 무수한 방해 속에서도 많은 유대인이 시험을 통해 아이비리그에 들어갔고 이는 상류사회로 올라서는 열쇠가 됐다. 이 같은 '나쁜 출신 학생들'의 발전은 미국 교육계를 당황케 했다. 심지어 일부 사립대학은 유대인 지원자를 따로 심사하고 꼬투리 잡는 직원을 두기까지 했다.

카플란이 살던 시대는 이랬다. 유대인들은 백인 사회의 틈바구니에서 자리를 잡으려고 아등바등 애썼다. 하지만 그럼에도 그는 불공평한 세상을 원망하거나 불만을 품지 않았다. 그렇다고 세상에 굴복하지도 않았다. 두말없이 의학대학원 진학을 포기한 그는 유대인이 사회에서 제대로 살아갈 방법은 시험뿐이라고 생각했다. 카플란은 미국 대학 입학시험 SAT를 자세히 분석하고 짧은 시간에 점수를 끌어올릴 방법을 연구했다. 그리고 1946년 SAT

준비반을 열었다.

교육기관은 카플란의 강의가 돈 낭비라며 깎아내렸지만 그에게 배운 학생들은 SAT에서 연이어 좋은 점수를 받았다. 그러자 연방교육위원회가 나섰다. 그들은 이 '품격 낮은 유대인'이 허위 광고로 학생과 학부모에게 사기를 쳤다고 증명할 자료를 찾고자 조사하기 시작했다.

얼마 후 정식 조사 보고서가 발표됐다. 놀랍게도 카플란의 SAT 준비반에 다닌 학생들의 각 과목 점수가 25점 넘게 올랐다는 내용이었다. 이 보고서는 미국 전역으로 나가는 대형 광고나 다름 없었다. 이후 카플란의 교육사업은 밀려오는 학생들을 감당하기 어려울 만큼 빠르게 발전했다.

카플란의 SAT 혁명은 교육운동의 시작점이 됐다. 그의 노력 덕에 미국 전역에서 인재선발제도 전면 조사와 개선이 이뤄졌다.

삶은 스포츠 경기도, 토론대회도 아니다. 공평과 공정 따위는 없다. 다른 사람이 장미와 박수를 받으며 걸어갈 때 당신은 가시밭길을 걸을 수도 있다. 삶의 본질을 이해하고 불공평한 세상을 받아들인 사람은 자신에게도 장미와 박수를 달라고 애원하지 않는다. 대신 그는 주변에 널린 가시넝쿨을 장미로 바꾸려고 애쓴다. 물론 그러다 보면 가시에 찔려 피를 흘리고 고통을 겪을 수도 있다. 하지만 눈물을 흘리며 비탄에 잠기는 일은 없다.

세상은 불공평하다. 당신이 원망과 불평을 늘어놓든 말든 세상은 그렇게 돌아간다. 불공평한 세상을 바꿔보겠다고 애쓰지 마라. 관점을 달리하면 불공평은 인생을 더 아름답고 풍요롭게 만들 기회가 될 수 있다.

불공평한 세상을 인정하자. 신은 과연 공평한가? 어떤 사람들은 평생 가난에 허덕이며 이 질문을 되풀이한다. 그들은 삶이 불공평하다고 온갖 불만을 늘어놓으며 귀중한 시간을 의미 없이 흘려보낸다. 그러나 세상이 불공평하다는 사실을 담담하게 받아들일 줄 알아야 한다.

세상에 절대적인 공평이 존재한 적은 없다. 삶 곳곳에 불공평이 숨어 있다는 사실을 인정하면 자신을 격려하고 응원하기가 쉬워진다. 삶의 사명은 모든 일을 완벽하게 하는 게 아니라 도전을 마주하는 것이다. 이 사실을 인정할 때 비로소 희망과 기대로 가득한 삶을 살 수 있다.

불공평을 받아들이고 적응하자. 우리는 살면서 다양한 벽에 부딪히며 매 순간 새로운 결정을 내려야 한다. 어쩌면 그때마다 자신이 희생자가 됐다거나 불공평한 대우를 받는다고 느낄 수도 있다. 이때 인생과 세상, 둘 중에 어느 쪽을 바꿀 것인가? 바꿀 수 있는 건 자기 인생뿐, 세상을 바꿀 수 없다는 걸 인정할 때 더 편안하고 안정된 삶이 찾아온다.

현실의 불공평은 피할 수도, 선택할 수도 없다. 받아들이고 그에 맞춰 삶을 조정해야 한다. 과도한 현실 부정은 삶 전체를 무너뜨릴 뿐만 아니라 심한 스트레스로 정신이 피폐해지는 지경까지 이를 수 있다. 불공평한 세상을 바꿀 수 없다면 기꺼이 받아들이고 적용하자. 다음 요령과 함께 불공평한 세상을 인정하자.

첫째, 끊임없이 발전하자. 불공평한 세상이라지만 출신이나 환경, 조건이 나쁜 사람도 성공할 수 있다. 그들의 성공 비결은 강점 발휘에 있다. 자기 자신을 알고 단점과 결점을 피하며 장점과 강점을 발휘해야 불공평한 세상에서도 성공을 거머쥘 수 있다. 자기가 잘하는 부분, 더욱 발전할 방법을 찾자. 경쟁력을 갈고닦는 동시에 주어진 조건 속에서 어떤 점을 개선해야 할지, 어떤 점을 발전시키고 유지해야 할지 살펴봐야 한다. 그 과정에서 발전으로 향하는 힘과 집중력을 키울 수 있다.

둘째, 패배를 두려워하지 말자. 불공평한 대우를 받았을 때 정의를 실현하겠다며 불같이 화를 낼 수도 있다. 하지만 더 좋은 방법은 패배를 인정하고 힘을 아끼는 길이다. 내일 당장 세상이 끝나는 것도 아니고, 복잡하면서도 치열한 경쟁이 많이 남았다. 전투 한 번에 화살을 전부 써버리면 다음에는 어떻게 싸우겠는가? 경쟁의 규칙을 무시하고 자기에게만 유리하게 끌어가려는 소인배와 싸워봤자 말도 안 되는 논리에 깊이 빠질 뿐이다. 소중한 힘을 하찮은 전투에 쓰지 말고 패배를 받아들이며 물러나라. 실력을 아껴뒀다가 진검승부를 벌일 곳을 찾는 편이 훨씬 낫다.

실패와
친구가 돼라

강인한 마음은 좌절을 기회로 바꾼다. 하버드대학 교수들은 전공지식뿐만 아니라 좌절을 대하는 태도를 중요하게 가르친다. 인생이 뜻대로 풀리지 않을 때, 좌절과 마주할 때, 당신은 어떤 선택을 내릴 것인가? 어떤 방향으로 걸어가겠는가? 좌절이 평생 주변을 맴돌더라도 우리는 그와 마주하는 태도를 정할 수 있다.

좌절에 익숙해지는 건 생각만큼 나쁜 일이 아니다. 좌절은 웬만한 일에는 끄떡없는 실력과 강단을 만들어준다. 주위에 있는 성공한 사람들을 살펴보자. 지금이야 번듯한 모습이지만 다들 과거에 좌절을 겪고 곤경 앞에 일어서서 그 자리까지 갔을 것이다.

아마존은 세계에서 가장 파괴적인 기업이라 불리며 전 세계 유통망을 장악했다. 그 수장 제프 베조스는 세계 최고 부자 명단에 이름을 올리기도 했다. 하지만 거대한 성공 뒤에는 보이지 않는 수많은 좌절과 실패가 있다. IT업계 최악의 실패로 꼽히는 파이어폰, 숙박예약 서비스 아마존 데스티네이션, 모바일 결제 서비스 아마존 웹페이, 검색포털 애스크빌 같은 사례 말이다. 이외에도 역사의 뒤안길로 사라진 서비스가 많다. 하지만 아마존과 제프 베조스는 실패를 두려워하지 않는다. 그는 이렇게 말한다. "저는 실패와 좌절을 두려워하지 않습니다. 오히려 직원들에게 실패를 경험하라고 권하죠. 실패와 좌절이 없다는 건 아무것도 시도하지 않았다는 뜻이니까요. 그 경험에서 하나라도 배우고 기회로 만들면 됩니다."

좌절은 기회다. 긍정적인 마음가짐과 희망을 잃지 말고 좌절을 담담하게 받아들이면서 용기와 자신감을 얻자. 어떤 환경에서도 강인하게 살아남을 힘이 생길 것이다.

첫째, 과거를 내려놓고 미래를 바라보자. 좌절과 실패를 바라는 사람은 없다. 하지만 어차피 생긴 일이라면 굳이 스스로 고통의 늪에 빠질 필요가 있는가? 셰익스피어는 이렇게 말했다. "현명한 자는 고통 속에 들어앉아 손실을 따지며 탄식하지 않는다. 대신 손실을 극복할 방법을 끊임없이 찾는다." 그렇다. 실패했다고 마냥 걱정하고 슬퍼하며 눈물 흘릴 필요는 없다. 결국 모든 일은 지나갈 테니 시선을 멀리 두고 미래를 바라보면 된다. 삶의 밑바닥에도 기회가 있다. 그 안에서 새로 시작할 용기와 힘을 얻자.

둘째, 불완전한 자신을 받아들이자. 어리석은 실수를 저지르거나 곤경에 빠졌다고 지나치게 자책해서는 안 된다. 불완전한 자신을 있는 그대로 받아들이고 그로부터 성장하며 발전하면 된다.

좌절감이 들면 자기 단점이나 나쁜 면보다 자랑스럽고 좋은 면에 집중하자. 각종 장점, 성공 경험, 칭찬받은 일, 이런저런 교육과 훈련 경험, 자신을 사랑하는 가족과 친구 같은 모든 요소가 용기를 줄 것이다.

다음은 자기 능력을 인정하는 단계다. 매일 3가지 작은 성공을 거두자. 아주 사소한 일이라도 좋다. 몸에 잘 맞는 옷을 찾아도 성공이고, 도서관에서 보고 싶은 책을 찾아도 성공이다. 가족들에게 대접하는 맛있는 식사도 물론 성공이다. 이렇게 하루 3가지 작은 성공을 이루다 보면 자기를 탓할 틈이 없을 것이다.

마지막은 특정 분야에서 흥미를 키우는 단계다. 잘하고 좋아하는 일이나 활동을 꾸준히 이어가서 특기로 삼자. 대단하거나 복잡한 기술일 필요는 없다. 수영이나 뜨개질 같은 단순한 취미도 좋다. 좋아하는 일을 잘하게 되면 자신감이 생기고 자기 자신을 좋게 볼 수 있다.

셋째, 합당한 목표를 세우자. 좌절이 발목을 잡으면 목표를 다시 떠올리고 현 상황에 가장 알맞은 수준으로 고치자. 명확한 목표는 지친 당신에게 일종의 격려 기제가 될 것이다. 목표가 높으면 행동력이 강해지고 성공 규모도 커진다. 하지만 목표가 너무 높으면 감당하기 어려워 오히려 행동력이 약해지고 실패로 이어질 수 있으니 주의해야 한다.

넷째, 나쁜 감정에서 벗어나자. 자신이 박해받는 피해자라는 착각에서 빨리 벗어나야 한다. 마음의 약점을 극복하고 더는 감정의 노예로 살지 말자. 자책하고 스스로 연민하는 나쁜 감정과 행동이 영혼을 갉아먹으면 의미 있는 삶을 살기 어렵다. 마음과 감정이 세상을 바라보는 눈을 움직인다. 자포자기하며 좌절 속에 자신을 내버려두지 말고 무슨 수를 쓰든 용기를 내 벗어나야 한다.

칭찬만 듣는
인생은 없다

　다음은 하버드대학이 소개하는 성공 격언 중 비판을 다룬 내용
이다.

- 평생 아무것도 이루지 못하면 비판받지도 않는다.
- 불공정한 비판을 두려워하지 마라. 다만 무엇이 불공정한지
  분명히 알아라.
- 타인의 비판을 두려워할 필요 없다. 새로운 아이디어와 방법
  을 내놓으면 신랄한 비판이 따라오기 마련이다.

　하버드대학 21대 총장 찰스 엘리엇도 비판의 중요성을 강조했
다. "좋은 말만 듣고 다른 의견을 듣지 않으려는 태도는 개인의
성장과 사회 개혁에 아무 도움이 되지 않는다. 조용한 세상을 위

해 사실 앞에서 눈을 감는다면 어떤 개혁도 일으킬 수 없다. 도리어 개혁의 위험성만 높일 뿐이다." 결국 비판은 더 나은 자신을 만들기 위해 꼭 거쳐야 할 관문이다.

1981년 미국에서 골든 라즈베리상이 만들어졌다. 이 상은 그 유명한 아카데미상과 반대로 미국에서 1년간 나온 영화 중 최악의 영화, 최악의 감독, 최악의 배우를 뽑는다. 골든 라즈베리는 매년 수상자를 뽑고 시상식을 열었지만 최악이라는 불명예스러운 상을 받고자 참석하는 사람은 없었다.

2005년 2월 26일 밤, 아카데미 시상식 전야제가 열렸다. 동시에 할리우드 중심가 300석 규모 소극장에서 골든 라즈베리 시상식도 막을 열었다. 조촐하고 소박한 시상식은 성대한 아카데미 시상식과 대비를 이뤘다.

모든 관계자와 스태프는 예년과 다르지 않으리라고 생각했다. 수상자가 한 명도 참석하지 않는 건 일종의 관례였다. 그런데 시상식 도중 사회자가 들뜬 목소리로 믿기 힘든 소식을 전했다.

"이제 〈캣우먼〉 주인공이자 올해 최악의 여배우 수상자, 할리 베리가 무대에 오르겠습니다!"

관객석 곳곳에서 폭소가 터졌다. 사회자는 능글맞게 웃으며 말을 이었다. "다들 웃으시는군요! 그래요. 뭐, 어떤 바보가 여기에 상을 받으러 오겠습니까? 하지만 그녀는 다른 사람들보다 훨씬 용감하답니다!"

그 순간, 아름다운 드레스를 차려입은 할리 베리가 천천히 걸어 나와 시상대로 향했다. 그녀는 화사한 미소를 짓고 손을 흔들며 관객들에게 인사했다. 이 짧은 순간 장내 공기가 얼어붙었다. 현장에 있던 모든 이가 제 눈을 믿지 못하겠다는 듯 멍하니 그녀를 바라봤다. 잠시 후 할리 베리가 골든 라즈베리 최악의 여배우 트로피를 받아들자 관객들은 꿈에서 깬 듯 크게 손뼉 치고 환호성을 질렀다. 소극장을 뒤흔드는 커다란 박수 소리가 몇 분이나 이어졌다. 할리 베리는 감사 인사와 함께 차분한 목소리로 소감을 전했다.

"아시다시피 저는 할리우드에서 꽤 이름난 배우죠. 아카데미 여우주연상을 받기도 했고요. 솔직히 저도 여기서 최악의 여배우 트로피를 받을 줄은 몰랐습니다. 소식을 듣고 당연히 수상을 포기해야겠다고 생각했어요. 하지만 어머니께서 늘 말씀하셨습니다. 인생이란 언제나 술술 풀리지 않는 법이고, 훌륭한 패자가 될 수 없다면 훌륭한 승자도 될 수 없다고요. 그래서 직접 상을 받으러 왔습니다. 이 자리에 계신 모든 분과 골든 라즈베리 협회에 감사드려요. 제 인생에 빼놓을 수 없는 재산을 주셨어요. 평생 잊지 않겠습니다."

할리 베리가 미소를 지으며 내려간 후에도 박수 소리는 한참이나 이어졌다.

비판을 좋아하거나 똑바로 마주하는 사람은 드물다. 특히 평소 자신감이 없고 비판에 예민하게 반응하는 사람들은 무슨 수를 써서라도 비판에서 멀어지려고 한다. 이런 상황이 이어지면 나중에는 비판 자체를 두려워하는 지경에 이른다. 이 공포는 암세포처럼 자신감을 갉아먹고 점점 더 무서운 존재로 자란다.

이 악순환에서 벗어날 방법은 '용기'뿐이다. 누군가 당신을 비판할 때 가장 좋은 방법은 용감하게 나서서 받아들이고 책임져야 할 부분이 있다면 역할을 다하는 것이다. 다들 알지만 선뜻 실천하기는 어려운 일이다. 그러니 다음 방법들을 시도해보자.

첫째, 용감해지자. 당신을 비판하는 사람들에게 진면목을 보여주자. 한 번 비판받았다고 움츠리고 숨어버려서는 문제를 해결할 수 없다. 문제 앞에 숨어버리면 괜한 생각만 들고, 상대는 그런 당신을 보며 역시나 자기 판단이 맞았다고 생각할 것이다. 결국 당신은 나약하고 무엇 하나 제대로 못 하는 사람이라는 인상을 남길 뿐이다. 힘들더라도 용기를 내 맞서고 자신을 드러내야 한다.

둘째, 솔직해지자. 비판이 다가오면 자기 생각과 방식을 솔직하게 드러내는 편이 좋다. 상대방과 허심탄회하게 이야기하고 합당한 비판이라면 얼마든지 받아들이겠다는 자세를 보여야 한다. 동시에 최대한 많은 사람에게 자신의 좋은 면을 드러내자. 이렇게 하면 악의적인 비판에 반격하는 데 유리할 뿐만 아니라 상처 입은 평판을 되살리는 데도 도움이 된다.

셋째, 편안하게 마음먹자. 만약 눈앞에서 비판을 받으면 우선 심호흡하고 평온한 마음을 지키자. 상대의 목소리가 높아질수록 부드러운 표정과 여유 있는 호흡으로 신중하게 말해야 한다. 감정을 잘 다스릴수록 이기지 못할 강한 상대라는 인상을 남길 수 있다.

넷째, 인정하자. 비판이 합당하다면 잘못을 인정할 기회로 삼으면 된다. 이때 진정성 있고 성실한 태도를 보이면서 정확한 어휘를 쓰는 편이 좋다. 최선이라고 생각한 방법을 택했지만 결과가 나빴음을 인정한다면 비판은 곧 사그라진다. 단, 자기비하는 금물이다. 잘못을 인정하더라도 자신감과 용기를 잃어서는 안 된다.

다섯째, 생각하자. 비판받으면 일단 그 내용을 두고 깊이 생각해야 한다. 합당한 비판이라면 생각과 행동을 바꾸고 나아질 길이 보일 것이다. 반대로 악의적이거나 주관적인 비판이라면 분명하게 이의를 제기해야 한다. 그래야만 상대도 자기 문제를 깨닫고 섣불리 행동하지 않는다.

여섯째, 설명하자. 불필요한 비판이라고 생각한다면 상대가 말을 마친 후 차분하게 설명해야 한다. 이때 사소한 문제는 한쪽으로 치워두고 가장 중요한 내용을 먼저 이야기하는 편이 좋다. 담담하고 명확하게 설명한다면 당신이 스스로 한 말을 지키는 사람임을 증명할 수 있다.

거절이 두려운
당신에게

진정으로 변하고 싶을 때 사람들이 느끼는 첫 번째 감정은 '내게 변화를 일으킬 능력이 있을까?'라는 의심이다. 이런 의심은 타인에게 거절당하고 잔혹한 현실을 마주할 때 걷잡을 수 없이 커진다. 살면서 거절 한 번 당하지 않은 사람은 없다. 거절은 길을 걷다가 넘어진 것과 다름없다. 한 번 넘어졌다고 그대로 주저앉을 것인가, 아니면 툭툭 털고 다시 일어날 것인가? 이 생각이 성공 여부를 결정한다.

무선통신 애호가 쿠퍼는 어릴 때부터 최고 전문가 조지를 존경했다. 그래서 그는 대학을 졸업하자마자 조지의 회사에 찾아갔다. 이곳에서 더 많이 배워 조지처럼 될 수 있다면 바랄 게 없다고 생각했다. 쿠퍼가 연구실 문을 두드린 그때 조지는 연구에 골몰하고 있었다.

"안녕하십니까! 저는 오랫동안 이곳에서 일하고 싶었습니다. 존경하는 분을 곁에서 모시고 회사에 이바지할 기회를 주신다면 더할 나위 없는 영광일 것입니다. 보수가 얼마든 좋습니다. 저는 그저⋯⋯."

조지는 차가운 눈빛으로 쿠퍼를 바라보다 말을 자르며 물었다.

"자네는 언제 대학을 졸업했지? 업계 경력은 있나?"

"올해 대학을 졸업했습니다. 무선통신은 제 오랜 취미지만 회사에서 일한 적은 없습니다."

"이봐, 젊은이. 그냥 돌아가는 게 좋겠군. 이런 사소한 일에 쓸 시간은 없어. 다시는 만날 일이 없기를 바라네. 잘 가게."

쿠퍼는 당황하지 않고 침착하게 말했다.

"왜 그렇게 바쁘신지 잘 압니다. 요즘 무선이동전화를 연구하신다고 들었습니다. 제가 도와드릴 수 있습니다."

쿠퍼는 아이디어를 몇 개 내놨다. 조지는 그 말에 일리가 있지만 쿠퍼가 너무 어려서 실천하지 못할 거라고 생각했다. 그는 다시 한 번 나가라고 소리쳤다. 사무실을 떠나기 전 쿠퍼가 말했다.

"머지않아 저를 다시 볼 날이 올 겁니다."

얼마 후 쿠퍼는 다른 무선통신회사 모토로라에 취직했다.

1973년 어느 날, 한 남자가 뉴욕 거리에 나타났다. 그는 서류가방에서 벽돌처럼 생긴 커다란 휴대폰을 꺼내 어디론가 전화를 걸었다. "조지 씨, 저는 지금 제가 만든 휴대폰으로 당신과 통화하고 있습니다." 이 남자는 세계 최초로 휴대폰을 발명한 모토로라 수석 기술자, 마틴 쿠퍼다.

한 인터뷰에서 기자가 쿠퍼에게 물었다. "그때 조지 씨가 당신을 채용했다면 그곳에서 휴대폰을 발명했겠죠?" 그러자 쿠퍼는 고개를 저으며 대답했다.

"아닙니다. 조지 씨가 저를 채용했다면 휴대폰을 만들어내지 못했을 겁니다. 사무실에서 쫓겨난 후 그분께 배운 걸 모두 버렸습니다. 그리고 저만의 방식, 더 혁신적인 방식을 개발했죠. 그때 그가 저를 내쫓지 않고 우리가 손잡았다면 휴대폰은 결코 없었을 겁니다."

삶에는 쟁취하려는 노력이 필요하다. 그런데 뭔가 쟁취하려면 거절을 피하기 어렵다. 누구나 거절당하면 감정이 상하고 자신감이 떨어진다. 그래서 어떤 사람들은 거절당할까 두려워서 원하는 게 있더라도 주저한다. 기꺼이 쟁취하려고 하지 않는다. 물론 이렇게 하면 거절에 따르는 창피와 상처를 피할 수 있겠지만 시도조차 못 해서는 아무것도 손에 쥘 수 없다. 거절당해도 담담하게 받아들이며 상처 없이 넘기고 싶다면 다음 사항을 기억하자.

첫째, 감정을 분출하자. 거절당하면 우선 자신에게 솔직해져야 한다. 속상한 감정을 감추거나 별것 아닌 척할 필요는 없다. 기분이 나쁜 건 당연한 일이니 슬퍼하지 말자고 감정을 억눌러서도 안 된다. 얼마나 상처받았는지 정확히 알고 그만큼 감정을 분출해야 한다.

무슨 일이 있었는지, 어떤 생각이 드는지 믿음직한 사람에게 털어놓는 것도 좋은 방법이다. 마음을 이해해주는 사람이 있다면 그 자체로 힘이 되고, 거절당한 감정을 입 밖에 내는 과정에서도 상처가 나아질 수 있다. 스스로 감정을 인정할 때 비로소 고통에서 벗어나 나아갈 힘을 얻을 수 있다.

둘째, 좋은 감정을 위해 애쓰자. 거절은 고통스러운 경험이므로 나쁜 감정의 늪에 빠지기 쉽다. 거절당하는 경험을 되풀이하고 헤어나지 못할 지경이 되면 상처를 치유할 방법이 없다. 과도한 자책과 자기비판은 자신감을 떨어뜨리고 좌절감을 안겨주므로 주의해야 한다. 무엇보다 큰 문제는 거절당하는 게 자기 운명이라고 생각하는 것이다. 단 한 번의 거절이 재난을 일으킨 셈이다. 긍정적인 마음으로 애쓰지 않으면 나쁜 감정의 늪에서 빠져나오기 어렵다.

셋째, 다시 시도하자. 거절당하면 상처 입은 마음을 재빨리 다독여야 한다. "이번에는 거절당했지만 다음에는 좋은 반응을 얻을 거야", "좋아! 누구나 한 번쯤은 거절당할 수 있지. 다시 시도하면 돼!"라고 말하자. 자신의 장점, 타인에게 들은 칭찬을 떠올리며 자신감을 되찾는 게 중요하다. 언제나 자신을 지지하고 응원해주는 좋은 사람들도 도움이 된다.

상처 입은 마음을 추슬렀다면 용기를 내 다시 시도하자. 한 번

거절당했다고 삶 전부를 부정당한 건 아니다. 누구나 거절당하지만 그 후에 어떻게 하느냐가 성공과 실패를 가른다. 태연하게 거절을 받아들이고 다시 도전해야만 역전승을 거둘 기회가 생긴다.

넷째, 거절을 기회로 스스로를 돌아보자. 거절당한 후에는 노력으로 개선할 부분이 있는지 살펴야 한다. 눈만 높고 실력이 부족했던 건 아닌지 객관적으로 판단하자. 문제가 있다면 합리적으로 조정하고 부족한 부분은 보충하면 된다. 거절당했다고 넋 놓고 앉아만 있으면 아무 일도 일어나지 않는다. 치밀하게 생각하고 민첩하게 행동하자.

거절당한 이유가 실력 부족이라면 다음번 성공 확률을 높이고자 각 방면에서 실력을 끌어올려야 한다. 거절을 실력 향상의 기회로 삼아 더 나은 사람이 되자.

Fear

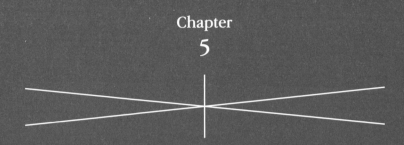

Chapter
5

[나쁜 감정 4]

공포

발목을 잡아끄는 독소

Harvard
Message

하버드대학은 1636년 설립 이후 줄곧 진리를 추구했다. '세속의 부귀영화와 신성한 권위는 진리를 대체하지 못한다'라는 말은 곧 하버드 인재 양성의 기본 원칙이다. 하버드는 훌륭한 학자가 되고 싶다면 권력을 두려워하지 말고 진리의 편에 서라고 강조한다. 실제로 하버드대학 출신으로 성공한 인사들 대부분이 뛰어난 자기판단능력과 용기를 가졌다. 그들은 다른 사람들이 두려워서 감히 시도하지 못하는 일에 도전하며 언제나 앞서간다. 이런 그들이 성공의 정점에 서는 건 당연한 일이다. 지금 당신은 무엇을 두려워하는가? 무엇이 당신의 발목을 잡고 나아가지 못하게 막는가? 과거가 어떻든 당신에게는 지금 주어진 기회가 있다. 용기를 내 두려움의 문을 열고 세상 모든 것을 담담히 받아들이자.

도망친 곳에
낙원은 없다

하버드 신입생들이 가장 먼저 배우는 생존 기술은 스스로 책임지고 도전하는 법이다. 세계 최고 인재만 모인 하버드에서는 학생들 간 경쟁이 상상할 수 없을 만큼 치열하다. 하버드 인재양성 제도는 선별, 교육, 연마 3단계로 구성된다. 이 관문을 우수하게 통과한 학생만이 진정한 하버드인이라고 할 수 있다. 학생들은 치열한 경쟁과 혹독한 수련을 거치며 어떤 난제에 부딪히더라도 도망치지 말고 용감하게 도전해야 한다는 사실을 깨우친다.

2001년 5월 20일, 브루킹스 연구소에서는 졸업생 조지 허버트에게 최고의 영업사원을 상징하는 골든 슈Golden Shoe Award를 수여했다. 1975년 닉슨 대통령에게 녹음기를 판 졸업생이 상을 받은 지 26년 만이었다.

1927년에 설립돼 세계 최고 영업사원 육성기관으로 손꼽히는 브루킹스 연구소에는 졸업생에게 무척 까다로운 과제를 주는 독특한 전통이 있다. 클린턴 대통령 시절 실습과제는 '대통령에게 삼각팬티를 팔아라!'였다. 많은 학생이 클린턴 대통령 임기 내내 과제를 해결하려고 머리를 쥐어짰으나 성공한 사람은 없었다.

클린턴이 물러나고 부시가 취임하자 연구소는 새로운 실습과제, '대통령에게 도끼를 팔아라!'를 발표했다. 졸업생 입장으로는 역시나 한숨부터 나오는 과제였다. 실력이 아무리 뛰어나도 대통령에게 물건을 판다는 건 불가능한 일처럼 보였다. 현직 대통령에게 무엇이 부족하겠는가? 설령 필요한 게 있더라도 대통령이 손수 구하는 일은 없을 것만 같았다.

하지만 그 어려운 일을 조지가 해냈다! 대체 어떻게 성공했느냐는 질문에 그는 덤덤한 목소리로 대답했다.

"저는 이번 과제가 그리 어렵다고 생각하지 않았어요. 마침 대통령께서 텍사스에 커다란 농장을 뒀고, 농장에는 나무가 많으니까요. 그래서 이렇게 편지를 썼습니다. '대통령 각하의 멋진 농장을 본 적이 있습니다. 그런데 꽤 많은 나무가 말라 죽었더군요. 죽은 나무를 처리하려면 좋은 도끼가 필요하죠. 마침 제게 조부님께서 물려주신 멋진 도끼가 있답니다. 나무를 베기 딱 좋은 녀석이죠. 혹시 이 도끼에 관심 있으시다면 답장을 보내주세요'라고 말이죠. 얼마 후 대통령께서는 도끼를 사겠다는 답장과 함께 거래 대금을 보내셨습니다."

실로 오랜만에 열린 골든 슈 시상식에서 브루킹스 연구소장은 이렇게 말했다. "설립 이후 우리는 수많은 영업사원을 길렀습니다. 그중에는 백만장자가 된 인재도 여럿이죠. 그런데도 26년 동안이나 골든 슈를 가져간 사람은 없었습니다. 다른 사람들이 성공하지 못했다고 지레 포기하는 사람은 골든 슈를 받지 못합니다. 남들이 어떻게 하든 끝까지 포기하지 않는 사람만이 골든 슈를 거머쥡니다. 이런 사람이 바로 우리 연구소가 찾는 인재죠."

"인생의 비밀은 바로 비밀이란 없다는 것이다. 어떤 목표든 노력으로 이뤄낼 수 있다." 미국 유명 토크쇼 진행자 오프라 윈프리가 남긴 말이다. 사람은 태어나는 순간부터 각종 난제를 만나며 살아간다. 내딛는 걸음마다 난제가 하나씩 따라온다고 해도 과언이 아니다. 가끔은 복잡하게 얽히고설킨 난제 사이에서 위협받는다는 느낌도 든다.

당신을 괴롭히는 난제는 일과 생활을 가리지 않고 마구잡이로 나타난다. 난제를 피해 도망칠 것인가, 용감하게 직면할 것인가? 이 결정이 성공의 크기를 판가름한다.

난제 없는 삶은 없고, 도전하지 않는 삶은 불완전하다. 나날이 치열해지는 경쟁시대에서 제대로 자리 잡으려면 난제를 피하지 말고 당당하게 마주해야 한다.

첫째, 자신감을 무기로 삼자. 후퇴는 처절한 실패고 깊은 상처를 남길 뿐이다. 열정을 품고 반드시 이기겠다는 마음으로 난제를 직면하자. 뜬구름 잡는 생각은 버리고 현실에서 노력하며 자신감을 키워야 한다. 자신감이 충만한 사람은 외부 압박을 잘 견디고 어떤 난제에도 용감하게 대처한다. 이런 사람만이 한계를 뛰어넘어 더욱 성숙해질 수 있다.

둘째, 치밀한 계획을 세우자. 잠깐 마주치는 문제가 아니라면 치밀한 계획이 필요하다. 일에서 마주하는 난제라면 더욱 그렇다. 제일 잘하거나 좋아하는 분야를 기초로 자신에게 유리한 계획을 세우고 차근차근 수행하자. 목표는 원대하되 실현할 수 있어야 한다. 또 난제를 해결하는 과정에서 상황에 따라 계획을 고치고 보완해야 한다.

셋째, 스트레스를 없애자. 만약 난제를 만든 책임이 자신에게도 있다면 반성하는 태도로 상황을 깊이 살펴봐야 한다. 문제를 더 빠르고 정확하게 해결하는 데 도움이 된다. 스트레스를 이기지 못하고 화를 내거나 울상을 짓는 건 금물이다. 그보다는 과거에 비슷한 난제를 해결한 경험을 떠올리자. 난제에서 오는 스트레스가 해소되면 문제가 생각만큼 심각하지 않고 충분히 해결할 수 있음을 깨닫게 될 것이다.

넷째, 감정을 조절하고 평온하게 생각하자. 객관적인 생각은 문제를 해결하는 첫걸음이다. 행동하기 전에 주변 사물과 상황을 냉철하게 바라보고 생각하면 진행 과정을 더 쉽게 다스릴 수 있다.

두려움은
늘 약자만 노린다

하버드에 전해지는 격언 중에 이런 말이 있다. "두려움 때문에 주저하지 마라. 전진은 두려움을 없애는 가장 좋은 방법이다." 하버드 케네디 스쿨에서도 내면의 공포를 몰아내는 방법을 다음과 같이 제시했다. "세상에 무서울 게 없다는 듯이 살아라. 이는 공포를 몰아내는 유일한 길이다."

라일리는 철도회사 배차원이었다. 그는 성실하게 일했지만 한 가지 단점이 있었다. 세상을 나쁘게만 보는 탓에 걱정이 끊이지 않는다는 점이었다.

회식이 있던 날 하루 업무를 마무리하던 라일리는 그만 냉동차에 갇히고 말았다. 깜짝 놀란 그는 죽기 살기로 소리치며 문을 두드렸지만 이미 모두가 회식 장소로 떠난 후였다. 그의 목소리를 들을 사람은 아무도 없었다. 라일리는 얼마 못 가 기진맥진해서 냉동차 바닥에 주저앉았다. 손은 붉게 부어올랐고 쉰 목에서는 이제 소리가 나오지 않았다. 라일리는 절망 속에서 바닥에 쓰러져 거친 숨을 내쉬었다.

생각하면 할수록 공포는 더 심해졌다. 냉동차 온도는 언제나 영하 10도이므로 당장 빠져나가지 못하면 얼어 죽을 게 분명했다. 그는 체온이 떨어지는 걸 느꼈다. 하지만 떨리는 손으로 어깨를 감싸고 어둠 속에서 우는 것 말고는 뾰족한 수가 없었다.

다음 날 아침, 직원들이 하나둘 출근했다. 냉동차 문을 연 직원이 바닥에 웅크린 라일리를 발견했다. 몸이 딱딱하게 굳어 아무리 힘을 줘도 펴지지 않는 상태였다. 라일리를 급히 병원으로 보내 응급처치했지만 그는 이미 이 세상 사람이 아니었다.

사람들은 도무지 이해할 수 없었다. 그 냉동차는 시설 점검을 위해 며칠 전부터 전원을 끈 상태였다. 게다가 내부 공간이 넓어 하루 정도는 버틸 산소도 충분했다. 그런데 라일리는 왜 '얼어 죽은' 걸까?

부검을 의뢰한 결과 라일리는 추위가 아니라 공포 탓에 죽은 것으로 밝혀졌다. 냉동차가 당연히 영하 10도를 유지하리라 생각한 탓에 '스스로' 얼어 죽은 셈이다.

프랭클린 루스벨트 대통령은 대공황이라는 혼돈에 빠진 국민에게 이렇게 외쳤다. "우리가 두려워할 것은 두려움 그 자체뿐이다."공포는 오직 약자에게만, 공포와 싸워 이길 자신이 없는 사람에게만 덤벼든다. 그런 이들에게 미지에 대한 공포는 해결할 수 없는 심각한 문제다.

공포의 진짜 문제는 고통과 걱정을 일으킬 뿐만 아니라 성공할 기회를 뺏는다는 데 있다. 이 때문에 심리학자와 의학 전문가들은 공포란 극복하기 어려운 심리 질환이라고 본다. 다행히 몇 가지 조치로 공포가 불러오는 고통을 몰아낼 수 있다.

첫째, 건강 상태를 확인하자. 아무리 애써도 공포를 몰아낼 수 없다면 몸 상태를 점검해야 한다. 영양부족, 피로, 질병이 오래 이어지면 공포가 쉽게 생겨난다. 몸에 별다른 이상이 없다면 내면을 들여다볼 차례다. 사회생활이나 인간관계에서 불안감을 느끼지는 않는지, 무엇이 알 수 없는 공포를 불러오는지 살펴보자.

둘째, 도움을 구하자. 내면을 갉아먹는 공포는 숨길수록 커지고, 그럴수록 사람들과 어울리기 힘겨워진다. 당신을 이해하고 응원해줄 사람들에게 속마음을 털어놓자. 가족이나 친구, 믿음직한 선배 등 누구라도 좋다. 진심으로 당신을 이해하고 도울 마음이 있는 사람이면 된다. 그들에게 이해와 동정을 구하고 위안을 얻는다면 한 걸음 나아간 셈이다.

셋째, 공포를 키우지 말자. 공포는 우리 약점 중 하나고 이를 피할 수 있는 사람은 없다. 어둠, 미래, 인간관계 등 각자 상황에 따라 각양각색으로 공포를 느낀다. 아무리 강인한 사람이라도 공포를 느끼지만 그들에게는 공포에 뒤따르는 나쁜 영향을 극복할 힘이 있다. 이는 그들이 두려워하지 않는다는 뜻이 아니다. 반면에 마음이 약한 사람은 작은 공포를 마주하면 지레 더 큰 공포를 상상하며 스스로 상황을 망가뜨린다. 공포는 자연스러운 심리 현상임을 기억하자. 공포가 평범한 반응임을 알아야만 당당하게 마주할 용기를 낼 수 있다.

넷째, 현실에 집중하자. 마음을 가라앉히고 공포를 정면으로 들여다보자. 아직 일어나지 않았고 그럴 가능성도 낮은 일 때문에 두려워하고 있음을 깨닫게 될 것이다. 사람들은 아주 작은 일을 큰일의 계기처럼 여기면서 일어날 리 없는 불길한 가설을 세우고 제풀에 두려워한다. 시험에 떨어지면 어쩌지? 친구가 화를 내면 어쩌지? 첫인상이 나빴으면 어쩌지? 실제 상황에 맞지 않는 가설은 당신을 괜한 불안과 초조에 빠뜨린다. 있지도 않은 일에 힘과 시간을 낭비하느니 현실에 집중하는 법을 배워 담담하게 받아들이자. 괜한 걱정거리를 만들고 전전긍긍하는 일 따위는 당장 멈춰야 한다.

다섯째, 낙관하며 살자. 해결하기 어려운 재난을 보면 공포가 커진다. 재난을 겪은 후에도 당당하게 살아가려면 낙관하는 마음가짐이 필요하다. 예를 들어 차가 갑자기 고장 났을 때 평범한 심리 반응은 '별일이 다 있네! 시간이 좀 걸리겠는걸'이다. '왜 내게만 이런 일이 생기지?', '늘 나쁜 일이 벌어져!' 같은 생각을 해서는 공포에 빠질 수밖에 없다.

모험을 즐기는
4가지 방법

위험은 뭔가 바랄 때 생긴다. 위험은 성공할 기회와 함께 오는 또 다른 가능성이다. 물론 실패할 수도 있지만 이 역시 가능성일 뿐 필연은 아니다. 위험은 천국에도 지옥에도 속하지 않는다. 굳이 말하자면 그 사이 갈림길에 있다. 위험과 싸워 이기면 천국으로 올라가고, 지면 지옥으로 떨어진다.

1984년, 36세 베르나르 아르노는 무너질 위기에 놓인 패션 제국 크리스챤 디올을 인수했다. 이 소식이 전해지자 패션계는 난리가 났다. 크리스챤 디올은 태양 같은 브랜드지만 빛을 잃은 지 오래라 지는 해에 가까웠다. 그런데도 아르노는 건설사를 담보로 내놓고 그보다 훨씬 큰 크리스챤 디올을 손에 넣었다. 당시 사람들 눈에 이 투자는 무지를 넘은 광기에 가까웠다.

크리스챤 디올을 인수하고 경영에 나선 아르노는 기존 수석 디자이너 잔프랑코 페레와 재계약하지 않고 영국 출신 존 갈리아노를 데려왔다. 파격적인 디자인을 선보인 존 갈리아노는 고상하고 우아한 스타일을 찾는 디올 단골들에게 외면당했다. 이제는 아르노의 가족마저 그가 사업을 망치려 든다며 비난하고 나섰다.

아르노는 비판과 질책에 아랑곳하지 않고 담담히 설명했다. "크리스챤 디올을 인수할 때 사람들은 말도 안 되는 모험이라고 손가락질했죠. 그들은 낮은 판매량과 나쁜 경영상태만 보고 이 브랜드가 수십 년간 쌓아올린 명품 브랜드 가치는 생각하지 않았습니다. 사람들은 대부분 일어서서 사물을 보기 때문에 현재에만 주목합니다. 하지만 저는 누워서 보는 걸 좋아해요. 그러면 과거와 미래까지 보이거든요."

결국 아르노는 사방에서 쏟아지는 이견을 물리치고 원하는 대로 밀고 나갔다. 그 결과 크리스챤 디올에 젊음과 새로움을 불어넣어 낡은 느낌을 벗어던지고 세계 정상급 명품 브랜드 자리를 되찾았다. 아르노의 모험은 이후에도 26년간 이어졌다. 그는 경영난을 겪으며 하락세에 놓인 루이비통, 지방시 같은 명품 브랜드를 인수하고 재건하며 세계 최대 패션 제국의 황제로 거듭났다.

성공한 사람들에겐 공통점이 있다. 바로 '모험심'이다. 그들은 모험을 즐기고 위험을 받아들이는 게 부를 쌓는 첫걸음이라고 여긴다. 모험과 위험은 그들 삶의 일부다. 그들은 제 뜻을 세상에 밀어붙이면서 실력을 쌓고 끊임없이 모험을 떠나 꿈을 현실로 만든다. 모험에 성공하고 싶다면 다음을 기억하자.

첫째, 정확하게 판단하자. 어떤 일을 마주할 때 그 결과와 영향을 평가할 줄 알아야 한다. 제대로 알지도 못하는 일을 어떻게 해낼 수 있겠는가? 다각도로 분석하고 핵심을 파악해야 좋은 결과를 낼 수 있다. 또 자신이 모험 결과와 영향을 감당할 수 있는지 가늠하자. 만약 잘못된 판단으로 모험에 나선다면 그 결과는 불 보듯 뻔하다.

둘째, 상식과 지혜를 발휘하자. 살면서 만나는 불행 대부분은 잘못된 판단에서 나온다. 제대로 준비하지도 않고 무작정 덤벼들어 좌충우돌하거나 뾰족한 계획 없이 마구잡이로 행동하면 나쁜 결과가 나오는 게 당연하다. 상식과 지혜를 근거로 치밀하게 생각하기만 해도 불행을 피할 수 있다.

일을 준비하면서 위험을 알아차리는 것만도 이성적이고 현명한 판단이지만 이것만으로는 부족하다. 일을 해치우는 복잡한 과정에는 힘과 시간 같은 비용이 들어가므로 이를 미리 계산해야 한다. 일에 뒤따를 결과와 그 가치가 해결 과정에서 치러야 할 비용보다 큰지 꼭 따져보자. 그 균형이 틀어졌다면 과감히 포기해야 한다.

셋째, 다양한 의견을 들어보자. 모험 결과가 어떨지, 그 과정에서 치를 대가는 얼마인지 판단하기 어렵다면 주변 전문가나 경험

많은 사람에게 물어보자. 그들의 의견은 상황을 돌아보고 결정을 내리는 데 도움이 될 것이다. 한 가지 명심해야 할 점은 모든 사람이 모험을 감행하기를 원하지는 않는다는 사실이다. 사람들은 대부분 안정된 생활을 이어가기를 바라지, 외줄 타기처럼 위험천만한 생활을 원하지 않는다. 위험을 감수하고 이익을 얻을지 결정할 사람은 자기 자신뿐이며 그 책임도 본인에게 있다.

넷째, 소심한 마음가짐은 금물이다. 어떤 사람들은 일을 시작하기도 전에 위험을 따지느라 소심해진다. 잘 아는 영역에서 작은 모험에 도전할 때 성공 확률이 높다. 작은 일에서까지 위험을 걱정하며 우왕좌왕할 필요는 없다. 성공 가능성이 절반만 넘는다면 눈을 딱 감고 과감하게 시도하는 편이 낫다. 그러지 않으면 오히려 조심성과 신중함 때문에 좋은 기회를 놓치고 말 것이다.

물론 어느 정도 기초를 갖추고 시도해야 한다. 열정만 가지고 맨땅에 머리를 박듯 시작해선 안 된다. 우선 실패에 따른 충격을 버틸 만한 기초부터 다지자.

지식이 오히려
한계가 되는 순간

　사람들은 자신 혹은 타인에게 불리하다고 생각하는 가설을 '한계선'으로 삼고 다가가지 않으려 한다. 이런 '자기 한계'는 단조로운 생각을 불러오므로 성장과 발전을 방해하기 쉽다. 생각이나 관념이 높은 벽에 가로막힌 느낌이 든다면 자기 한계를 없애는 게 시급하다. 불합리하다고 생각한 가설이 사실은 존재하지 않음을 깨닫고 그 자리를 자신감으로 채워야 한다.

　비행을 연구하는 동물학자들이 만나 하늘을 나는 동물은 몸통이 작고 가벼우며 양쪽 날개가 길다는 의견을 모았다. 그들이 한창 이야기를 나누는 사이 어디선가 호박벌 몇 마리가 날아들었다. 크고 통통한 몸에 짧은 날개를 가진 호박벌을 본 학자들은 서로 바라보며 떨떠름한 표정을 지을 뿐이었다.

결국 그들은 호박벌 한 마리를 데리고 저명한 물리학자를 찾아 갔다. 하지만 물리학자는 이런저런 연구 후에도 호박벌이 어떻게 작고 힘없는 날개로 커다란 몸을 띄우는지 설명하지 못했다. 유체역학 기본 원리에 따르면 호박벌은 절대 날 수 없었다. 그는 물리학의 기초를 뒤엎는 호박벌을 곤혹스럽게 바라보며 고개를 가로저었다.

동물학자들은 다음으로 사회행동학자를 찾아가 도움을 구했다. 동물학자들이 설명을 마치기도 전에 사회행동학자가 웃음을 터뜨리며 되물었다. "여기에 무슨 연구씩이나 필요한가요?"

그가 내놓은 해석은 아주 간단했다. 호박벌이 날 수 있는 까닭은 '스스로 날기를 원하기 때문'이라는 말이었다. 생존능력이나 환경을 고려할 때 날아다니지 못하면 죽기 때문이다.

설명을 마친 사회학자는 놀리는 투로 덧붙였다. "호박벌이 생물학이나 유체역학을 몰라서 다행입니다. 알았더라면 절대 날지 못했겠죠. 아니, 날아보겠다는 생각조차 못 했겠군요."

꿈을 이루려는 마음가짐도 중요하지만 경험과 지식도 큰 재산이자 성공의 기반이다. 이 기반은 아주 귀하고 중요하다. 그런데 공들여 쌓은 경험과 지식이 보이지 않는 한계선을 세워 오히려 걸림돌이 되기도 한다. 깊은 산에서 길을 잃은 것처럼 문제를 해결하기 어려울 때는 자신을 둘러싼 한계선부터 무너뜨려야 한다. 한계를 깨부수는 법을 배우면 난관을 넘어 방해물을 돌파하고 원하는 대로 이룰 수 있다.

첫째, 인식으로 시작해 행동으로 완성하자. 한계를 넘어설 때 가장 중요한 요소는 자기 자신이다. 하늘은 스스로 돕는 자를 돕고, 성공은 성공을 원하는 자에게만 주어진다. 자기 한계를 넘어설 만큼 명확한 방향과 목적이 필요하다. 삶의 목적과 의미를 모르는 사람은 하루에도 수백 번씩 되풀이되는 상념에 파묻힌다.

한계 부수기는 인식으로 시작해 행동으로 완성된다. 우선 한계를 인식하고 그 안에 갇혔음을 깨달아야 한다. 그 후에 앞서 언급한 방법으로 공포를 없애고 용기 내 행동하자. 그래야만 어둠 속에 숨은 세상의 아름다움을 찾아낼 수 있다. 막상 해보면 생각만큼 심각하거나 어렵지 않다는 걸 알게 된다. 기억하자. 인식하고 행동하는 사람만이 한계를 넘어 성공할 기회를 잡는다.

둘째, 꾸준히 배우자. 바깥에서 오는 나쁜 영향에 쉽게 휩쓸리는 이유는 바로 무지다. 지식은 끊임없는 학습에 따르는 보상이다. 쉼 없이 공부해야만 무지라는 벽을 무너뜨릴 수 있다. 다양한 분야에서 지식을 쌓아 소심하고 나쁜 생각을 지우자.

어떤 사람들은 사소한 일에도 불안감을 느끼며 제대로 쳐다보지 못한다. 이럴 때는 불안감을 지워서 생기는 장점을 차분하게 생각하고 한계를 넘어설 용기를 내야 한다. 삶이란 높고 낮은 울타리를 넘어 자유로운 생각으로 나아가는 과정임을 명심하자.

셋째, 언제나 밝고 유쾌하게 생각하자. 문제를 피해 도망치면 잠시나마 긴장을 풀고 고통에서 멀어질 수 있다. 하지만 이는 임시방편일 뿐 문제를 해결하지 못한다. 도망치지 않고도 긴장을 풀거나 고통을 지우고 싶다면 평상시에 연습해야 한다.

바깥에서 들려오는 온갖 뉴스와 정보 사이에서 나쁜 내용을 걸러내 유익하고 즐거운 내용만 남기는 습관을 들이자. 세상 모든 사랑과 즐거움을 끌어당기는 자석이 돼 밝고 유쾌한 마음가짐을 지키자. 이런 사람만이 한계 너머 낯선 환경과 상황 앞에서도 두려움 없이 나아갈 수 있다.

넷째, 게으름을 극복하자. 자기 한계를 만드는 주요 원인은 바로 게으름이다. 바라는 바도, 꿈도 없이 살다 보면 몸뿐만 아니라 생각도 게을러진다. 게으름이라는 벽을 무너뜨리려면 꿈과 이상을 끊임없이 떠올리며 스스로 자극해야 한다. 내내 남을 뒤따르던 삶을 바꿔 앞서나가면 더욱 빛나고 의미가 큰 인생을 살 수 있다. 바로 이런 사람들이 세상을 이끈다.

게으른 사람은 온갖 나쁜 습관에 물든다. 나쁜 습관은 영혼을 갉아먹고 생각을 멈춘다. 영혼을 황금으로 채우려면 그 안에 자리 잡은 돌덩이부터 꺼내야지 않겠는가? 성공도 실패도 습관이다. 성공하고 싶다면 지금 당장 몸과 영혼에 들러붙은 '실패하는 습관'을 떼어내자. 그래야만 성공할 기회가 주어진다.

빠져나갈
구멍을 막아라

빠져나갈 구멍은 성공으로 가는 길에 놓인 가장 큰 걸림돌이다. 빠져나갈 구멍을 막는 전략은 탁월한 결단력, 즉 결정을 내리면 바꾸지 않는 굳센 마음가짐을 뜻한다. 결정을 내리면서도 빠져나갈 구멍을 남겨두고 가벼운 실험이나 시도로 생각하는 사람에게 무슨 절박함이 있겠는가. 빠져나갈 구멍이 있으면 지금 내린 결정을 최후로 여기지 않고 안심하기 때문에 노력과 열정을 100퍼센트 쏟아내기 어렵다. 다른 기회가 있다는 생각이 깔려서는 제대로 된 결정을 내릴 수 없다.

마쓰시타 고노스케는 일본 전자기기 회사 파나소닉의 뿌리, 마쓰시타전기를 세운 인물이다. 젊은 시절 오사카에서 일하며 전구에 푹 빠진 그는 전등 소켓 구조를 개선하고자 연구에 몰두했고,

그 결과 마쓰시타전기가 탄생했다. 하지만 회사를 세우자마자 일본 경제가 심각한 불황에 빠졌다. 전구와 전등 소비량이 급격히 줄어들자 신생 회사 마쓰시타전기는 금세 망할 위기에 놓였다. 마쓰시타는 위기에서 벗어나고자 밤낮으로 고민한 끝에 한 번 시작했으니 끝까지 가겠다고 마음먹었다. 신형 전등 1만 개를 공짜로 나눠주는 대규모 홍보로 판로를 열고자 한 것이다.

그런데 전등에 불이 들어오려면 건전지가 꼭 필요했다. 마쓰시타는 오카다건전지 사장을 찾아가 건전지 1만 개를 공짜로 지원해달라고 부탁했다. 그 대신 나중에 2만 개를 팔아주겠다고 호언장담했다. 평소 호탕하고 대범한 오카다 사장이었으나 이토록 무모한 제안에는 선뜻 응하기 어려웠다. 이제 막 창업해 자본도 부족한 마쓰시타전기가 전등 1만 개를 공짜로 나눠줄 거라니, 더구나 이런 극심한 불황에! 애초에 이 회사가 전등 1만 개를 만들어낼 수나 있는지도 확실하지 않았다. 눈에 보이는 건 마쓰시타의 자신감 넘치는 말투와 눈빛뿐이었다. 결국 오카다 사장은 마쓰시타와 손잡았다.

그 결과 마쓰시타 전등과 오카다 건전지 1만 묶음이 일본 전역에 퍼졌다. 우려와 달리 반응은 대단했다. 두 상품 모두 판매량이 수직으로 상승했고 밀려드는 주문에 공장에서는 잠시도 쉴 틈이 없었다. 불황 한가운데서 사업을 시작한 마쓰시타는 과감한 결단으로 회사를 지켰을 뿐만 아니라 더 큰 명성을 얻고 회사를 성장시켰다.

여기저기 기웃대지 않고 외길로 걸어가는 사람만이 성공하는 법이다. 그들은 발걸음 하나하나를 스스로 정하기에 아무리 짧은 순간이라도 허투루 여기지 않고 매번 전력을 쏟는다. 빠져나갈 구멍을 과감히 틀어막고 불가능을 가능으로 바꾸며 끝까지 나아가 결국에는 살길을 찾아낸다.

성공을 꿈꾼다면 스스로 관대하게 대해서는 안 된다. 운명의 벼랑 끝에 놓일 때 비로소 자신을 되돌아보고 전진할 용기가 생기기 때문이다. 자꾸만 빠져나갈 구멍을 뚫으려는 자신을 바꾸고 싶다면 다음을 기억하자.

첫째, 확실하게 안전한 길은 없다. 빠져나갈 구멍이 있다고 한들 안전하다고 확신할 수는 없다. 혼란도, 실패도, 문제도 없는 세상이 있다고 믿는다면 너무 순진한 생각이다. 당신이 누릴 안전은 오직 경험과 지식, 기회, 결단으로 만들어진다. 그러므로 언제나 냉철하게 생각하며 상황에 따른 득실을 꼼꼼히 따져보자. 시간, 돈, 힘과 다른 자원을 고려하며 계획과 전략을 세워야 위험을 피하고 올바른 결정을 내릴 수 있다.

둘째, 모든 상황을 고려하자. 최종 결정을 내릴 때는 전력을 다해 분석하고 연구해서 위험을 피할 방법을 생각해야 한다. 상황을 분석하고 정확하게 판단하는 능력이야말로 반드시 갖춰야 할 자질이다. 이를 갖춘 사람만이 여러 요소를 고려해 훌륭한 결정을 내릴 수 있다.

좋은 결정을 내리려면 주어진 조건을 빠짐없이 고려해야 한다. 불완전하며 알 수 없는 요소들을 확인하고 불리한 조건을 유리하게 바꿔야 한다. 그래야 위험이 닥쳐도 당황하지 않고 대처할 수 있다.

셋째, 임기응변을 준비하자. 아무리 승산이 높은 결정이라도 예상치 못한 우연이나 무작위 요소가 생길 수 있다. 따라서 임기응변할 방법을 미리 준비해야 한다. 예상 밖의 상황을 생각하지 않고 한 방법만 준비했다가는 졸지에 큰 위험을 맞닥뜨릴 수 있다. 어떤 상황에서도 임기응변은 꼭 필요하다. 그래야만 위험을 피하고 각종 불행과 재난에 대비할 수 있다.

공포를 이겨내는
'신뢰' 수업

감정을 지닌 인간에게는 따뜻한 감정과 위안이 필요하다. 사람과 사람 사이 감정 교류는 행복과 즐거움을 만드는 매개체다. 이는 나아가 인류 생존과 발전의 기초가 된다. 우리는 타인과 함께 살아가는 사회인이다. 우리에겐 상대를 믿을 의무가 있고 상대에게 믿음을 얻을 권리가 있다. 신뢰는 감정 교류의 출발점이자 도착점이다. 이 과정에는 신중한 판단과 선택, 고찰과 검증이 필요하다. 하지만 지나치게 높은 담장을 쌓아가며 방어할 필요는 없다.

하버드대학에서 신뢰를 다룬 수업이 열렸다. 교수가 물었다. "사람과 사람 사이 진정한 믿음이란 무엇일까요?" 학생들은 다양한 답변을 내놨다. 그러나 교수는 학생들의 답변에 반응하지 않고 별안간 진자운동을 설명하기 시작했다. 진자가 최고점을 떠나 반대편으로 움직일 때 되돌아오는 지점은 기존 최고점에 미치지 못한다. 진자는 중력과 마찰력을 받으며 움직이는 거리가 점점 짧아지다가 결국 멈춘다. 진자운동 원리는 물리학의 기본이니만큼 질문을 던지거나 의심할 만한 내용은 아니었다.

교수는 다시 물었다. "여러분은 나를 믿습니까? 그리고 진자운동의 원리를 믿습니까? 그렇다면 손을 들어주세요." 모든 학생이 손을 들자 교수는 조교를 불러냈다. 조교는 커다란 추가 달린 시계를 끌고 들어오더니 한쪽 기둥에 걸었다. 이어서 교수는 한 학생을 지목해 벽에 붙은 의자에 앉아달라고 부탁했다. 학생이 의자에 앉자 뒤통수가 벽에 닿아 뒤로 피할 공간이 없어졌다.

교수는 묵직한 추를 잡아당겨 학생 코앞까지 끌어왔다. 그는 추를 붙잡고 다시금 진자운동 원리를 설명하고는 이렇게 덧붙였다. "자, 여러분. 이 추는 12킬로그램입니다. 보다시피 이 학생 코앞까지 가져왔죠. 여기가 최고점입니다. 진자운동에 따르면 추가 반대쪽으로 갔다가 되돌아오더라도 이 지점까지는 올라오지 못합니다. 그러니 이 학생은 절대로 다치지 않을 겁니다. 그렇죠?"

교수는 학생에게 다시 물었다. "나를 믿습니까? 그리고 과학을 믿습니까?" 학생은 긴장한 표정으로 고개를 끄덕였다.

드디어 교수가 추를 놨다. 추는 획, 하는 소리와 함께 사선으로 떨어지더니 반대쪽으로 날아갔다. 12킬로그램에 달하는 묵직한 추가 반원을 그리며 되돌아오자 의자에 앉은 학생은 소리를 지르며 벌떡 일어나 뒷걸음질쳤다. 다른 학생들은 추를 지켜보고 있었다. 진자운동 원리에 따라 추는 최고점까지 올라오지 못했다. 즉 학생이 그대로 앉아 있었더라도 추에 얻어맞아 코가 부러지지는 않았을 것이다. 추가 멈추고 고요해진 강의실에서 교수가 다시 물었다. "여기 이 학생이 나를 믿었습니까? 그리고 진자운동을 믿었나요?" 학생들은 입을 모아 아니라고 대답했다.

아마 학생들은 믿음이란 무엇인지 다시금 생각했을 것이다. 믿음은 삶에서 피어나는 아주 고상한 감정이고 사람과 사람 사이를 잇는 끈이다. 하지만 욕망이 들끓는 이 시대에 믿음을 만들어야 할 감정 교류는 이익 교환 수단으로 변하고 있다.

어떤 상황에서든 믿음은 훌륭한 인간관계의 기초다. 믿음을 가지면 미지의 사물을 대하고 공포에 맞설 용기가 난다. 더욱 단단한 믿음을 쌓고 싶다면 다음을 기억하자.

첫째, 자기 자신을 이해하자. 믿음 문제에서 사람들은 2가지 유형으로 나뉜다. 타인을 너무 쉽게 믿는 유형, 반대로 교류에 너무 신중한 유형이다. 전자인 사람은 상대가 보내는 우호적인 신호를 좀 더 세심하게 해석하고 믿음직한 사람인지 꼼꼼히 따지는 습관을 들여야 한다. 후자인 사람은 상대를 믿을 수 있는 심리 환경을 만드는 법을 배워야 한다.

둘째, 작은 일부터 시작하자. 믿음에는 언제나 위험요소가 있기 마련이다. 우리는 이 위험요소가 합당한 수준에 그치도록 조절해야 한다. 모두에게 이로운 작은 행동이면 충분하다. 컴퓨터정보기술업체 HP는 엔지니어들이 회사 장비를 집으로 가져가 작업하도록 허용했다. 여기에는 아무런 절차도 없다. HP는 직원들에게 강한 믿음을 드러냈고 직원들도 기대를 저버리지 않았다.

셋째, 예방책을 준비하자. 배신이 두렵다면 방책을 세우자. 할리우드 작가들은 자기 시나리오를 미국작가조합에 등록한다. 간단한 과정만으로 표절을 막는 동시에 쉽고 빠르게 제작자들에게 작품을 소개하는 방법이다.

넷째, 더 강한 신호를 보내자. 믿음을 얻기를 바란다면 더 강렬하고 확실한 신호를 보내 당신이 성실하고 믿음직한 사람임을 알려야 한다. 또 믿음을 배신하는 행동에는 즉각 항의해 당신이 속임수에 당할 만큼 만만한 사람이 아님을 드러내자.

다섯째, 상대의 신분을 확인하자. 신분 확인은 개인의 전문성과 능력을 보장한다. 이는 상대를 믿을지 말지 결정하는 데 큰 영향을 미친다. 하지만 신분 확인에 따른 믿음이 꼭 안전하다고 할 수는 없으니 다른 요소와 조건도 꼼꼼히 살펴야 한다.

여섯째, 경계심을 갖자. 믿는 사람에게 속임수나 사기를 당하는 이들에겐 공통점이 있다. 그들은 처음에는 상대를 꼼꼼히 살피며 믿음직한 사람인지 의심하다가도 시간이 흐르면 한순간에 경계를 풀어버린다. 상대에게 이런저런 질문을 던지고 경계심을 품는 일 자체가 불편하기 때문이다. 하지만 속임수나 사기가 우리 건강과 재산을 위협한다면 경계하며 질문을 던질 줄 알아야 한다.

변화를 두려워하는
당신에게

하버드는 변화에 적응하라고 늘 강조했다. 하버드대학이 오랜 세월 미국 사상의 보물창고라 불린 것도 새로운 사상과 변화를 유연하게 받아들였기 때문이다. 하버드대학 교수이자 노벨 경제학상 수상자 올리버 하트는 이렇게 말했다. "변화가 항상 나쁜 결과를 가져오지는 않는다. 변화는 변화를 기대하지도, 추구하지도 않는 사람만을 당황케 한다."

현명한 사람에게 변화는 곧 새로운 삶의 시작이다. 변화는 전에 보지 못한 풍경을 불러오고 손에 넣지 못한 이익을 안겨준다. 그러므로 삶에 변화가 찾아오면 나쁜 일이 생기거나 그동안의 삶이 무너질까 두려워하기보다는 흥미롭고 기대에 찬 눈빛으로 바라보자. 변화가 나쁘거나 받아들이기 어려운 일이 아님을 깨닫기까지 오래 걸리지 않을 터다.

1865년 남북전쟁이 끝나고 미국 경제는 회복 단계에 들어섰다. 철도회사에서 일하던 앤드루 카네기는 예리한 눈으로 변화의 흐름을 지켜봤다. 경제회복기에 철강 수요가 늘어나는 건 당연한 일이었고, 그는 기회를 놓치지 않았다.

카네기는 연봉도 높고 안정된 직장을 그만두고 사이클롭스 철강회사와 대장간을 사들여 연합제철소를 세웠다. 동시에 피츠버그에 또 다른 철강회사를 세우고 동생에게 운영을 맡겼다. 그는 머지않은 미래에 철도와 철강의 시대가 오리라 믿었다. 철도 건설이나 기관차 수요가 급증하면 철강산업만으로도 다양한 부문에서 수익을 낼 수 있으므로 사업을 키우지 않을 이유가 없었다.

카네기는 연합제철소에 세계에서 가장 큰 용광로를 만들었다. 그리고 실력 있는 화학자들을 데려다가 아예 공장에서 살게 하고 상품과 부품, 원자재 관리를 맡겼다. 사람들은 사업을 밀어붙이는 카네기를 두고 피도 눈물도 없는 냉혈한이라고, 결국에는 크게 잘못돼 무너질 거라고 수군거렸다. 하지만 카네기는 변화를 믿었기에 그런 말은 조금도 신경 쓰지 않았다.

1873년, 마침내 미국에서 대공황이 벌어졌다. 매일 아침 은행 파산 소식이 들려왔고 주식거래소도 문을 닫았다. 곳곳에서 이어지던 철도 공사도 대금이 밀리면서 끊어졌다. 탄광과 철광 모두 줄줄이 넘쳤다.

혼돈에 빠진 시대에 카네기만이 의연하게 대처했다. 대형 철강 회사가 줄줄이 무너지고 유력한 동부 기업가들도 포기하는 이때

야말로 1,000년에 한 번 오는 기회라고 생각했기 때문이다. 카네기는 거물 투자자 존 모건을 찾아가 철강공장 건설 계획을 전하고 투자를 얻어냈다.

1890년부터 경제는 회복기에 들어섰고 차근차근 준비하며 내실을 다진 카네기의 사업은 크게 발전했다. 그는 325억 원을 들여 중소 철강회사들을 인수하면서 사업을 더욱 키웠다. 새로 꾸린 회사는 초기에 카네기 철강회사라고 불리다가 그 유명한 US스틸로 탈바꿈했다. 이로써 앤드루 카네기는 철강왕이라는 이름을 얻고 철강산업의 지배자가 됐다.

변화를 수용하는 태도는 이해와 관용을, 변화를 거부하는 태도는 후퇴와 굴복을 불러온다. 미국 작가 헨리 밀러는 받아들임이란 무엇인지 이렇게 묘사했다. '아무 의심 없이 모든 사물을 받아들인다면 삶을 옥죄는 규율이 사라진다. 반대로 변화를 무시하고 받아들이지 않는다면 삶이 무너진다. 두려움을 솔직하게 대한다면 즐거움과 새로운 힘의 원천으로 바꿀 수 있다. 세상 모든 변화를 열린 마음으로 받아들이는 사람은 삶의 모든 순간이 소중하고 행복하다.'

변화를 받아들이려면 꾸준히 훈련해야 한다. 자신감 없는 사람은 변화에 거부감을 느낀다. 예전 상태와 사고방식으로 돌아가려고 애쓴다. 이마저도 되지 않으면 변화를 두고 괜한 꼬투리를 잡거나 책임을 미루면서 새로운 상황을 모르는 척하기도 한다.

변화를 받아들이려면 자기 자신을 조절해 새로운 환경에 적응해야 한다. 이 과정에서 큰 스트레스를 받거나 과도하게 힘을 쓰는 등 생각보다 큰 대가를 치를 수도 있다. 이는 쉬운 일이 아니므로 꾸준히 훈련해야 한다. 평소 현실을 인식하는 수준을 높이고, 어떠한 변화가 찾아오든 의연히 받아들여 도움이 되도록 바꿀 수 있다는 마음가짐을 갖자.

변화는 결국 더 나은 사람을 만든다. 자신감을 무기로 변화를 의연히 받아들이더라도 적응하는 과정에서 실수나 잘못을 저질러 분노, 실망, 질투, 이기심 등 나쁜 감정이 생겨날 때도 있다. 다행히 우리는 스스로 감정을 조절할 줄 안다. 생각해보면 개인의 결점은 곧 변화를 추구할 이유가 될 수 있다. 더 나은 사람으로 거듭나기를 꿈꾸며 열린 마음으로 변화를 바라보자. 그러다 보면 낯설고 어려운 변화도 서서히 받아들이게 될 것이다.

변화를 앞두고 관용을 베푸는 자세를 보여주자. 그 어떤 변화라도 관용하는 자세로 대한다면 어렵지 않다. 우리가 사는 이곳은 복잡다단한 세상이므로 자기만 생각하며 행동해서는 안 된다. 모든 행동에는 평가가 따르며, 매사에 불평불만을 늘어놓는 건 잘못된 일이다.

그러나 완벽해질 수는 없더라도 완벽을 꿈꿀 수는 있지 않은가? 완벽에 다가가려는 노력을 아끼지 않으면 변화 앞에 유연해지고 열린 마음으로 받아들이는 자세를 취하게 된다. 이를 통해 지금까지 몰랐던 새로운 방법을 찾고 편안한 삶을 누릴 수 있다.

인생은
'선택'이라는 게임이다

하버드대학은 학부 4년 안에 더 깊은 지식과 많은 기술을 전수하고자 수많은 강의를 연다. 또 학과 대부분이 자유선택제도를 채택해 어떤 과정을 따르고 어떤 강의를 들을지 학생 스스로 고르게 둔다. 하버드 신입생들은 갑자기 주어진 수많은 선택지에 당황하곤 한다. 입학하자마자 주어지는 첫 번째 과제다. 이렇게 스스로 결정하는 법을 배운다.

얼마 전 49세가 된 버나드 마커스는 그 날 아침에도 서류가방을 들고 기분 좋게 출근했다. 그는 직장에서 20여 년간 성실하게 일한 덕에 별 탈 없이 중간관리자가 됐다. 이렇게 11년만 더 일하면 퇴직금을 받고 편안한 노년을 보낼 수 있었다. 하지만 신이 세운 계획은 예상과 딴판이었다.

"마커스, 당신은 해고됐습니다."

"그게 무슨 말이죠? 왜요? 내가 뭘 잘못했나요?"

마커스는 예상치 못한 상황에 아연실색하고는 울부짖듯 물었다.

"당신 잘못은 없어요. 불경기라 인건비를 줄여야 하거든요. 이유는 그뿐입니다."

결국 마커스는 다른 실업자들처럼 기나긴 구직활동을 시작했다. 달리 갈 곳이 없는 날에는 카페에 들어가 몇 시간씩 버티곤 했다. 중년에 해고당한 자신이 대체 어디에 서 있는지, 어느 방향으로 가야 하는지 알 수가 없었다. 압박감과 고통을 털어놓을 사람도 없으니 마음도 점점 지쳐버렸다. 그렇지만 구직을 멈출 수는 없었다. 실업자로 지내서는 가족들이 곤란하다는 걸 잘 알았기 때문이다. 힘들었지만 희망의 끈은 놓지 않았다. 언젠가는 반드시 살길을 찾으리라는 믿음 하나로 버티고 또 버텼다.

그러던 어느 날 마커스는 마찬가지로 불경기 탓에 실업자가 된 오랜 친구 아서 블랭크를 만났다. 두 사람은 서로 위로하며 이런저런 이야기를 나눴다.

"그런데 말이야. 재취업이 정 어렵다면 직접 회사를 차리는 게 어떨까?"

무심코 뱉은 말에 두 사람은 오랫동안 억누른 꿈과 열정이 살아나는 느낌을 받았다. 그들은 카페에 앉아 창업 계획을 세웠다. '최저 가격, 최고 상품, 최우수 서비스'라는 기본이념도 단숨에 정했다. 이어서 기본이념을 실천할 경영관리 제도까지 완성했다.

1978년 봄이었다.

20년 후, 카페에서 시작된 작은 회사는 빠르게 성장해 직원 16만 명, 분점 800개를 거느리고 연간 판매액은 39조 원이 넘어가는 세계 500대 기업으로 성장했다. 이것이 바로 소매업 역사에 새로운 기적을 빚은 홈디포 탄생 비화다.

인생은 구불구불한 곡선이다. 곡선의 출발점과 도착점은 알 수 없지만 그 안에는 우리 선택을 기다리는 무수한 기회가 있다. 그 기회를 누가 더 빨리 잡는지가 관건이다. 이런 의미에서 인생은 지혜와 심리를 견주는 게임이라고 해도 과언이 아니다.

우리는 살면서 언제나 선택해야 한다. 어떤 회사에 들어갈지, 어디로 이사할지, 어떤 옷을 살지, 고심 끝에 결정할 수는 있지만 그 선택이 어떤 결과를 가져올지는 예측하기 어렵다. 선택의 갈림길에서 어떤 결정을 내려야 할까? 다음 방법으로 선택이 가져올 결과를 예측해보자.

첫째, 문제가 생기면 충분히 생각하는 동시에 스스로 질문을 던지자. "내가 정말 원하는 길일까?" 이 질문을 던지면 정말 원하는 길을 선택했는지 확인할 수 있다. 다음 질문 형식을 참고해 상황에 따라 바꿔보자.

• 이 일로 내 자아를 드러낼 수 있을까?

- 내가 정말 이 장소를 좋아할까?
- 내가 정말 원하는 관계일까?

일상에서 만나는 크고 작은 문제를 위 질문에 집어넣어 보자. 이 방법을 쓰면 자신이 내린 선택에 확신을 품을 수 있다.

둘째, 아무리 질문해도 정말 원하는 길인지 판단할 수 없다면 자기 선택을 다각도로 분석해야 한다. 예를 들어 직업을 바꿀까 고민하고 있다면 새로운 직업의 다양한 특성을 생각해보면 된다. '안정적인가, 위험한가?', '평범한가, 새로운가?', '혼자 하는 일인가, 여럿이 하는 일인가?' 같은 질문을 던져보자. 이런 식으로 생각하다 보면 문제를 해결할 실마리를 찾게 된다.

셋째, 스스로 바라는 모습을 기준으로 삼자. 위 2가지 방법에서 가장 중요한 건 선택 기준이 '이상적인 나'여야 한다는 점이다. 고민하는 내내 이 기준을 떠올리자. 어떤 사람이 되고 싶은지 생각하면서 이 선택이 도움이 될지 판단하고 최종 결정에 반영하자.

Anger

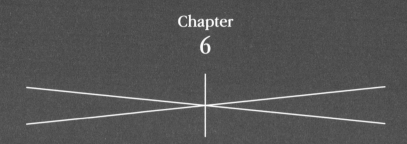

Chapter
6

[나쁜 감정 5]

분노

이성을 불사르는 독소

Harvard Message

하버드대학 인기 교양강의, 행복학 특강을 이끄는 탈 벤 샤하르 교수는 분노를 두고 이렇게 설명했다.

"타인을 공격해야 한다면 분노 속에서 칼을 휘두르지 않는다는 원칙을 기억하십시오. 분노는 가장 어둡고 음울하며 불안을 유발하는 나쁜 감정입니다. 분노가 여러분의 삶을 지배하게 둔다면 건강을 해치고 가정이 망가지며 행복을 느끼는 신경도 마비될 것입니다. 언제 어디서나 어떤 상황에서도 폭발할 기회를 노리는 분노를 억누르는 법을 배워야 합니다. 그렇게 분노를 지운 행동만이 이성에 따른다고 할 수 있습니다."

분노가 당신을
잡아먹기 전에

모든 미국인이 우러러보는 사상가이자 정치가, 과학자인 벤저민 프랭클린은 이렇게 말했다. "분노로 시작하면 치욕으로 끝난다." 그가 말한 분노의 문제는 하버드의 이념과도 통한다. 하버드 대학 총장 드루 길핀 파우스트는 "분노가 이성의 불꽃을 꺼뜨리면 인류는 암흑 속으로 떨어질 것이다"라고 말했고, 하버드 심리학 박사 레드퍼드 윌리엄스는 아내와 함께 쓴 책 《분노가 죽인다 Anger Kills》에서 분노의 잔혹성을 경고했다.

이 책 제목은 드웨인에겐 예언과 같았다. 이제 막 40세가 된 드웨인은 일하다가 등에 큰 상처를 입었다. 회사는 의심스러운 절차를 거쳐 그를 해고했다. 크게 다친데다 직장까지 잃은 그는 고통에 시달리며 몸부림쳤다. 결국에는 늘 화를 내는 사람이 됐다.

몸을 다쳐서, 상처가 낫지 않아서 화가 났다. 회사가 불공정한 처분을 내려서 화가 났고, 가족과 친구들이 자신을 무시하는 것 같아서 화가 났다. 나중에는 이런 상황을 불러온 신에게도 화가 났다. 드웨인이 젊은 나이에 이런 고통을 겪는 건 모두 신이 내린 운명 탓이었다.

드웨인은 종일 집에 틀어박혀 지냈다. 라디오를 듣거나 텔레비전을 보지도, 친구와 연락하지도 않았다. 그저 불행한 삶을 저주하며 분노, 우울, 불안, 공포 같은 나쁜 감정만 곱씹었다. 이렇게 그는 스스로 어둠에 파묻혀 바깥세상과 철저히 단절됐다. 누가 옛날 일을 물으면 몹시 화내면서 일그러진 얼굴로 소리쳤다. "몰라! 당장 꺼져!"

어느 날 드웨인은 어렵사리 밖으로 나갔다. 천천히 길을 걷다가 예전에 회사에서 사이가 나빴던 동료가 퇴근하는 모습을 봤다. 순간 혈압이 솟구친 그는 가슴을 부여잡고 바닥에 고꾸라졌다. 구급차에 실려 병원으로 옮겨진 드웨인은 그 동료를 보자마자 화가 치솟고 가슴에 극심한 통증이 일었다고 설명했다. 의사는 검사 결과 심장에 문제가 생겼다고 진단했다.

그 후 분노는 그에게 더욱 찰싹 달라붙었다. 41세가 되자 심장이 두 번째 발작을 일으켰다. 병원에서 다시 만난 의사는 최후통첩을 전했다. 심장이 더는 자극을 견디지 못할 만큼 약해졌으니 한 번만 더 화를 냈다가는 죽을 수도 있다는 경고였다. 그러자 습관이 돼버린 일그러진 표정이 떠올랐다. 드웨인은 부들부들 떨면서 소리쳤다. "아니야, 그렇게는 못 해! 차라리 죽으면 죽었지, 그렇게 살 수는 없어!" 이 말은 스스로 내린 사형선고와 같았다.

3주 후 통화하던 드웨인이 또다시 화를 내면서 세 번째 심장발작이 일어났다. 가족들이 찾아왔을 때 그는 이미 죽은 뒤였다. 죽음을 불러온 수화기를 움켜쥔 채로.

분노는 개인과 사회가 이루는 관계에 여러 영향을 미친다. 어떤 사람들은 걸핏하면 화를 내며 언제나 일촉즉발에 놓인 듯 불안하게 산다. 어떤 사람들은 언제나 즐겁고 평온한 것 같지만 사실은 마음속에 분노를 억누르고 있다. 이외에도 여러 유형이 있다. 이렇듯 분노를 다루는 방식은 사람마다 다르다. 하버드 심리학과에서는 마음속 분노를 다스리고 알맞은 해결책을 고르는 법을 연구했다. 화가 날 때는 스스로 질문해보자.

첫째, 굳이 화를 낼 만큼 중요한 일인가? 자꾸만 화가 나는데 이럴 만큼 중요한 일인지 판단하기 어려울 때가 있다. 이럴 때는 죽기 직전에도 그 때문에 화가 날지 생각해보자.

둘째, 누가 봐도 화낼 만한 일인가? 가족이나 친구에게 이 일을 어떻게 설명할지 생각해보자. 다른 사람도 이 상황에서 똑같이 화를 낼까?

셋째, 직접 바꿀 수 있는 일인가? 교통체증, 나쁜 날씨, 정전은 화날 만한 일이지만 바꿀 수는 없다. 이런 상황에는 굳이 화를 낼 가치가 없다. 바꿀 수 있는 상황이라면 구체적이고 합리적인 방법으로 개선하면 된다. 가령 상대가 당신이 하는 말을 자꾸 자른다면 차분하게 기다리다가 명확하게 말하자. "말 좀 끝까지 할게요."

넷째, 무엇을 얻으려 하는가? 화가 나면 이 일에 그만한 가치가 있는지 생각해보자. 만약 가치가 있다면 화를 내서 무엇을 얻고자 하는지 따져야 한다. 이유가 분명하고 꼭 필요하더라도 괜히 씩씩거릴 일은 아니다. 문제를 해결하려면 분노의 원인을 없앨 방법을 찾는 데 집중하자. 화낼 가치도, 그럴 필요도 없는 일이라면 분노를 가라앉히는 단계로 넘어가야 한다.

- 우선 화가 나는 원인을 알아야 한다. 몸매를 두고 놀리는 친구 때문일 수도 있고 야근이 당연하다는 듯 말하는 상사 때문일 수도 있다. 어떤 이유든 정확히 파악하고 다음 상황을 예상해야 분노를 잠재울 방법이 떠오를 것이다.

- 화가 날 때 "열받아 죽겠네!"라고 소리쳐봤자 아무 도움도 되지 않는다. 평온한 마음을 지키며 분노 사이에서 가장 응어리진 곳을 찾아야 한다. 이 간단한 조치만으로도 화가 누그러질 것이다.

- 따지고 보면 분노는 결국 타인이 아니라 본인 문제다. 별일 아닌데도 불같이 화를 내고 감정을 다스리지 못하는 사람은 물불 가리지 않고 아무에게나 성질을 내는 습관이 있다. 이런 사람은 속 좁은 사고방식을 갖고 있으므로 예전에 겪은

나쁜 일을 생각하기만 해도 다시금 분노가 끓어오른다. 사고 방식이 분노를 불러온다는 걸 알면 좀 더 쉽게 화를 다스릴 수 있다.

- 평소 화나 분노 같은 나쁜 단어를 피하자. "기분이 좋지 않다" 정도로 바꾸면 작은 불씨가 커지지 않고 사그라진다. 거친 말도 조심하는 게 좋다. 누군가를 욕하거나 비속어를 섞으면 이미 적을 만든 셈이다. 이래서는 문제를 두고 다시 생각해볼 수가 없다. 분노를 잠재우는 비법은 당사자끼리 서로 이해하고 양보하는 착한 태도다.

내 분노
유형은?

하버드 심리학과는 여러 실험 결과 적당한 분노는 나쁘지 않다는 결론을 내렸다. 살다 보면 화나는 일을 피할 수 없다. 이때 감정을 무조건 억누르고 쌓아두면 마음뿐만 아니라 몸까지 망가지곤 한다. 무작정 감정을 억누르기보다 분노가 일어나는 이유를 찾아내 없애고, 감정이 폭발하기 전에 생각을 정리해 분노가 일으키는 나쁜 영향을 줄여야 한다.

어느 날 국방장관 에드윈 스탠턴이 분노에 차서 링컨 대통령을 찾아왔다. 그는 어느 장군이 '국방장관은 특정인만 편애한다'라는 소문을 퍼뜨린다며 분통을 터뜨렸다. 이야기를 들은 링컨은 차분한 목소리로 제안했다.

"지금 이야기한 바를 편지로 쓰면 어떻겠나? 물론 그 장군을 나무라는 말도 덧붙여서."

스탠턴은 냉큼 자리에 앉더니 신랄한 비판을 담은 편지를 단숨에 써냈다.

"좋아, 아주 좋아!" 편지를 읽은 링컨은 호쾌하게 소리쳤다. "그래, 이 정도면 효과가 있겠지. 그 장군도 정신을 차려야 할 텐데. 그나저나 스탠턴, 자네가 글을 이렇게 잘 쓰는 줄 몰랐군."

스탠턴은 만족스러운 표정으로 편지를 반으로 접어 봉투에 넣었다. 그러자 링컨이 화들짝 놀라서 물었다.

"지금 뭐하는 건가?"

"돌아가는 길에 편지를 부치려고 합니다."

"바보 같은 짓 말게!" 링컨은 엄한 목소리로 말렸다.

"그 편지는 부치는 게 아니야. 당장 벽난로에 태워버리게. 나는 화가 날 때마다 편지를 쓴다네. 자네는 이미 화를 냈고 성질도 부렸지. 그만하면 충분하지 않은가? 자, 어서 그 편지를 없애버리게. 혹시 지금 내게도 화가 난다면 두 번째 편지를 쓰면 되겠군."

스탠턴의 분노가 어느 유형에 속하는지, 링컨의 방법에 어떤 뜻이 담겼는지 눈치챘는가? 링컨의 편지는 스탠턴이 인간관계를 망칠 위험을 없앴을 뿐만 아니라 나쁜 감정을 모두 쏟아내도록 이끌었다. 이는 갈등을 해결하기 아주 좋은 방법이다.

하버드 심리학 전문가들은 분노를 4가지 유형으로 분류하고 그에 맞는 해결책을 제안했다.

① 파괴성 분노

화가 나면 넘어가지 않고 반드시 되갚으며 상대의 기를 꺾고 좌절시키는 유형이다. 이런 방식으로 화를 내면 자기 행복을 찾는 대신 남의 행복을 방해하며 살게 된다. 파괴성 분노 끝에는 패자만 남는다. 허무한 결과를 바꾸려면 다음 방법을 시도해보자.

- 분노를 표현하되 이성에 따라 차분하고 명확하게 말하자.
- 할 말이 있으면 속으로 삼키지 말고 제대로 말하자. 예를 들어 회사에서 화가 나면 사람들을 피하거나 복수할 기회를 노리기보다 상사에게 직접 말하는 편이 낫다. 쉽지 않겠지만 시도하지 않으면 언제까지고 똑같이 살 수밖에 없다.
- 불합리한 일이 생기면 직접 나서서 상황을 바꿔야 한다. 과분한 기대에 도무지 부응할 수 없고 불편하기까지 하다면 직접 변화를 일으켜야 한다. 예를 들어 가계 지출을 감당하기 어렵다면 가족들에게 솔직히 말하고 도움을 구해야 한다. 어떻게든 혼자 해결하려고 애쓰면서 화를 내거나 성질을 부려서는 안 된다.

② 자책성 분노

문제가 생기면 모든 책임을 자신에게 돌리고 희망을 잃는 유형이다. 분노를 숨긴 채 살면 스스로에 대한 불만과 실망이 커지고, 이런 나쁜 감정이 쌓이면 우울로 이어진다. 자책성 분노는 다음 방법으로 개선할 수 있다.

- 자책하는 마음이 들 때마다 스스로 묻자. 누가 내게 이 일을 책임지라고 했는가? 나는 왜 그렇게 생각했는가? 진짜 책임이 어디에 있는지 명확하게 밝혀내야지, 무턱대고 남의 책임까지 짊어질 필요는 없다.
- 앞에서 언급했듯 자신감을 가지려면 종이에 자기 강점을 적고 소리 내 읽어보자. 자신감을 되찾으면 지나친 자책을 피할 수 있다. 이마저도 어렵다면 상담사를 찾아가 도움을 구하자.

③ 습관성 분노

이 유형은 문제에 따른 반응이라기보다는 나쁜 습관에 가깝다. 잘못된 습관을 즉각 고치지 않으면 곤란하고 심각한 일이 더 자주 찾아올 것이다.

습관처럼 화를 내고 불만을 적나라하게 드러내며 나쁜 감정이 자기도 모르게 겉으로 배어나는 사람이 있다. 이런 분노 뒤에는 애써 무시하던 좌절, 불안, 원망이 숨어 있다. 승진한 동료를 질투할 수도 있고, 결혼생활이 망가지는데 원인을 모를 수도 있다. 이런 요인이 스트레스를 키워 마음을 짓누르고 주체할 수 없는 습관성 분노를 일으킨다. 습관성 분노를 잠재우고 싶다면 다음을 기억하자.

- 무엇이 당신을 정말로 만족시키고, 또 불만스럽게 하는가? 냉철한 생각과 깊은 고민으로 내면을 파헤치자. 그 안에서 분노를 일으킨 원인을 찾게 될 것이다. 바닥에 떨어뜨린 서류, 동료가 책상에 놓고 간 쓰레기처럼 사소한 문제라면 마음 쓸 가치가 없다. 분노가 일어나는 이유를 혼자 찾기 어렵다면 상담사를 만나자.
- 분노가 일어나는 징후를 살펴보자. 화가 날 때 자기도 모르게 나타나는 작은 동작 말이다. 주먹을 움켜쥘 수도 있고 방에서 서성이거나 목이 쉬도록 울 수도 있다. 어쩌면 아플 정도로 이를 악물지도 모른다. 화를 터뜨리기 직전에 생기는 징후를 알고 제어한다면 나중에는 징후가 나타나는 양상을 보고 감정을 다스릴 수 있다.

④ 은폐성 분노

분노가 머리끝까지 치솟았는데도 겉으로는 웃으며 감정을 숨기는 유형이다. 하지만 분노란 상황에 따른 반응이고 적당한 정도라면 해결책을 찾는 데 도움이 된다. 이런 효과를 무시하고 웃는 얼굴로만 대처한다면 분노를 다스리지 못해 결국 무너지고 만다. 은폐성 분노를 개선하는 방법은 다음과 같다.

- 스스로 질문을 던지자. 감정을 숨기는 게 잘하는 일일까? 옳고 그름을 아는 게 행동을 바꾸는 첫걸음이다.

- 자신이 다른 친구나 동료라고 생각해보자. 같은 일을 당할 때, 예를 들어 조롱이나 무시를 당한다면 그들은 어떻게 대처할까? 그들이 할 법한 행동을 종이에 쓰고 자신은 왜 그러지 않았나, 왜 그러지 못했나 생각해보자.
- 무작정 감정을 숨기는 게 정답이 아니다. 불합리한 비난이 쏟아지면 건강하게 대처해야 한다. 어떤 사람이 괜히 당신을 탓하면 그보다 의미 있는 말로 반격하자. 그는 무척 놀라거나 화를 낼지도 모른다. 하지만 결국에는 변화를 받아들일 것이다.

완벽한 관계란
없다

하버드 협상연구소 로저 피셔 교수는 사람 사이 소통이야말로 성공의 핵심이라고 단언했다. "우리는 어린아이와 같습니다. 타인에게서 떨어져 혼자 살아가지 못하죠. 처음부터 끝까지 평화롭고 화목한 인간관계를 지킨다는 건 헛된 희망입니다. 갈등을 시원하게 풀어내지 못할 수도 있죠. 하지만 우리는 다음 길을 선택하고 상황을 바꿀 수 있습니다."

월마트는 오랜 역사를 자랑하는 유통기업이다. 경쟁이 치열한 유통업계에서 월마트가 꾸준히 성장한 건 뛰어난 경영방침과 더불어 완벽한 소통체계를 만들었기 때문이다. 창업자 샘 월턴은 이렇게 말했다. "월마트 관리체계를 한마디로 설명하자면 바로 소통입니다. 소통은 우리 성공의 핵심이자 다양한 목소리를 듣는 방법이죠."

월마트 관리직원들은 각 지점을 분주히 오가며 매장을 관리하고 그 내용을 정리해 본사에 보고한다. 그러면 본사는 보고서를 모든 직원에게 공개한다. 직원들은 소속 지점 판매현황, 수익 및 경영상황뿐만 아니라 경영방침과 세부목표까지 언제든 확인할 수 있다. 웬만한 회사에서는 소수 임원끼리만 주요 정보를 나눈다는 점을 생각하면 상당히 파격적이다.

월마트는 직원 간 소통과 교류에도 세심하게 주의를 기울인다. 월마트 주주총회는 미국에서 볼거리로 손꼽힌다. 주주총회가 열리면 본사에서는 최대한 많은 관리자와 직원을 초청해 경영상황을 설명한다. 그리고 새로운 경영전략과 방침을 두고 평가를 부탁한다. 평가에 불합리하거나 불공정한 내용이 있더라도 모두 기록하고 참고한다. 주주총회가 끝나면 회장이 직접 직원 수천 명을 초청해 파티를 열고 즐겁게 소통하며 자유롭게 이야기하도록 돕는다. 이때 직원들은 회포를 풀고 각자 일하며 느낀 점과 다양한 제안을 쏟아낸다. 이렇게 소통과 교류의 흐름을 이어온 월마트는 줄곧 성공 가도를 달리고 있다.

누구든 인간관계에서 상처받지 않기를 바란다. 그래서 충분히 만나보기 전에도 타인을 평가하고 믿음직한 사람인지 판단하곤 한다. 그러나 거꾸로 평가대상이 되기는 달가워하지 않는다. 말이 입 밖에 나오면 의도가 다르게 전해지기도 하므로 인간관계란 여간 조심스러운 일이 아니다. 이런 이유로 현대인은 타인과 소통하는 게 곤란한 일이라고 생각한다. 하지만 많은 사람과 편안하게 소통하면서 다양한 의견을 듣고 더 나은 결과를 내려면 다음과 같이 소통방식에 변화를 일으켜야 한다.

첫째, 상대를 인정하자. 사람마다 인식과 가치관에 차이가 있으므로 소통은 금세 난관으로 변하곤 한다. 사실 소통에 실패하는 이유는 상대가 내 관점과 의견을 거부할까 두려워 솔직하게 표현하지 못하기 때문이다. 상대가 자기 생각을 솔직하게 털어놓기를 바란다면 상대를 존중하고 있는 그대로 받아들이자. 사람들은 인격과 가치관이 받아들여질 때 더욱 자유롭게 생각을 표현한다.

둘째, 생각과 사실을 혼동하지 말자. '미국은 북아메리카대륙 중부에 있다'라는 말은 사실에 따른 객관명제이므로 진실과 거짓이 명확히 구분된다. 하지만 '미국은 세계 최강대국이다'라는 말은 개인의 생각에 따른 주관명제이므로 상대가 무조건 받아들이기를 바라서는 안 된다. 객관명제에는 논쟁할 여지가 없지만 주관명제에는 언제나 논쟁이 따른다. 상대방이 당신의 주관명제를 순순히 받아들이기를 바라고 질문조차 허락하지 않는다면 사고방식에 명백한 문제가 있다는 뜻이다.

셋째, 당연하다고 생각하지 말자. 상대가 당신 생각을 무조건 따라야 한다고 여기거나 반대의견에 이성을 잃고 논쟁을 벌이는 건 잘못된 행동이다. 다음은 소통에서 상대를 화나게 하는 요소다.

- 상대 말을 이해하지 못했다면 곧바로 질문하자. 뜻을 이해하지 못하고 그냥 넘어가면 나중에 오해가 생길 수 있다.
- 부정적 언어를 삼가자. "쓸데없는 소리 마!", "말도 안 되는 소리!", "네가 몰라서 그래!" 같은 불필요한 공격 말이다.
- 소통에서 경청과 표현은 아주 중요하다. 관심 있는 내용에만 주의를 기울이고 다른 내용을 무시하는 태도는 옳지 않다.
- 공격하는 말은 금물이다. 상대가 반대의견을 낼 때 속으로는 화가 나고 인정하기 싫더라도 위협하듯 말해서는 안 된다. 그랬다간 대화는 물론이고 양측의 감정까지 망칠 수 있다.

타인의 신발을
신어보라

　갈등은 문제 자체보다는 자기 생각만 밀어붙인 탓에 생긴다. 매사에 제 감정만 생각하고 남의 감정을 무시하는 사람이 많다. 이들에게는 입장 바꿔 생각하기가 가장 좋은 방법이다. 같은 문제라도 사람마다 바라보는 각도가 다르다. 타인의 관점에서 자기 관점과 생각을 따져보면 갈등에 따른 고통과 좌절을 피할 수 있다.

　크리스마스이브, 한 엄마가 4살배기 아이와 함께 선물을 사러나갔다. 거리 곳곳에서 캐럴이 울리고 반짝이는 전구와 예쁜 장식으로 꾸민 상점이 눈길을 사로잡았다. 한쪽에서는 요정 옷을 입은 합창단이 춤추며 노래했다. 거리에 아름다움이 가득했다.

　엄마는 아이에게 말했다. "정말 아름답지 않니? 함께 와서 기쁘구나! 너무 멋지다. 그렇지?" 하지만 아이는 긴장한 표정으로 옷자락을 붙잡을 뿐이었다. 얼마나 더 걸었을까. 아이는 별안간 울음을 터뜨렸다. "아가, 왜 울어? 자꾸 떼쓰면 산타할아버지가 선물을 안 주실 거야!" 아이는 간신히 눈물을 그치고 말했다. "신발……, 신발끈이 풀렸어요."

엄마는 아이를 한쪽으로 데려가 무릎을 꿇고 신발끈을 단단히 묶었다. 다시 일어나려는 순간, 그녀는 눈앞 풍경에 깜짝 놀랐다. 아이 눈높이에서는 아름다운 상점, 반짝이는 전구, 멋진 선물상자, 귀여운 요정들이 전혀 보이지 않았다. 아이에게 보이는 것이라고는 바쁘게 걸어가는 사람들과 펄럭이는 옷자락뿐이었다.

아이가 얼마나 무서웠을까! 처음으로 4살배기 눈높이로 세상을 바라본 엄마는 깊이 반성했다. 그리고 아이를 안아서 어른과 같은 눈높이로 아름다운 거리를 보게 했다.

일상이나 직장에서 의견이 달라 대립하는 상황을 피할 수는 없다. '입장 바꿔 생각하기'는 많은 문제에 통하는 비법이다. 이는 상대방의 입장으로 문제를 다시 생각하고 해결책을 찾는 태도다. 하지만 상대방의 입장으로 생각하기가 어렵거나 아예 그런 시도조차 못 하는 사람도 많다.

얼굴을 붉힐 만큼 격한 논쟁도 입장을 바꿔 생각하면 피할 수 있다. 토론과 협상의 원칙을 지키며 상대방의 입장으로 문제를 해결하고자 애쓴다면 괜한 오해와 갈등을 줄일 수 있다.

첫째, 옳고 그름을 판별하는 능력을 기르자. '관객이 1,000명이면 햄릿도 1,000명'이라는 말이 있다. 사람마다 환경, 인생관, 사고방식, 사회적 위치가 다른 만큼 생각도 천차만별이라는 뜻이다. 옳고 그름을 판별할 줄 아는 사람은 이리저리 휩쓸리거나 나쁜 감정에 치우치지 않는다.

둘째, 차분하고 냉철하게 생각하자. 차분한 태도와 냉철한 두뇌는 올바른 생각의 기본조건이다. 이 조건만 채운다면 어떤 환경에서든 입장 바꿔 생각할 수 있다. 타인의 관점이나 생각에 부딪히면 대개 이성보다 감정이 앞선다. 그래서 원하는 상황을 만들겠다는 일념으로 자기 의견만 밀어붙이는 오류를 범한다. 심지어 그 의견이 잘못됐을지라도 말이다.

셋째, 주관의 한계를 알자. 생각할 때 주관의 간섭에 휘둘리면 객관성이 떨어져서 얕은 결론만 내놓게 된다. 그러므로 자기 생각이 너무 얕거나 독단적이지는 않은지 늘 경계하고 확인해야 한다. 이때 입장 바꿔 생각하기는 주관을 밀어내며 양측 의견을 객관적으로 바라보고 두루 통하는 해결책을 내는 데 도움이 된다.

넷째, 다른 의견이라도 열린 마음으로 받아들이자. 지혜와 상식을 근거로 상대방의 관점에서 문제를 찾아냈다면 그 내용을 가감 없이 알려줘야 한다. 입장 바꿔 생각해보니 상대방 의견이 옳다면 즉시 받아들이고 자기 의견과 섞어 더 좋은 결과를 만들자. 상대와 끊임없이 의견을 나누고 생각을 거듭하면 문제를 보는 관점과 사고방식이 나날이 성숙해지고 점차 객관성이 생긴다.

부메랑처럼 돌아오는
복수의 불길

복수는 부당함에 맞서는 수단이다. 자기 존엄성을 지키고 도발에 반격하는 일이니 본래 역할만 생각하면 문제가 없어 보인다. 그러나 과연 그럴까?

하버드는 관용과 겸손을 가장 중요한 지혜로 손꼽는다. 하버드 대학 총장이었던 찰스 엘리엇은 학생들에게 이렇게 경고했다. "복수의 씨앗이 마음에 싹트면 다시는 행복을 느낄 수 없다." 관용을 모르고 원한에 집착하는 사람은 남의 잘못으로 스스로를 벌하는 셈이다. 용서는 상대가 아니라 스스로에게 주는 선물이다. 원한을 풀어내야 비로소 진정한 자유와 행복을 맛볼 수 있다.

타인에게 적의를 느끼고 복수를 다짐했다면 우선 나쁜 감정이 왜 생겼는지 살펴봐야 한다. 어떻게든 복수해야 직성이 풀리는 성격은 몸에 밴 습관처럼 어린 시절에 생긴 경우가 많다. 나쁜 감정을 오래 억누르거나 풀지 못한 분노를 쌓은 결과다. 용서에 서툰 사람은 매사에 적의를 품고 복수를 꿈꾼다.

하지만 이런 마음은 이성을 뺏고 세상의 빛을 보지 못하게 눈을 가린다. 복수는 타인을 벌하면서 자기 자신에게도 상처를 입힌다. 원한과 복수의 늪에 빠진 삶에 어떻게 즐거움과 행복이 찾아오겠는가? 이 늪을 멀리해야만 아름다운 인생을 그릴 수 있다. 타인을 대할 때 이성을 발휘하고 스스로 보호하는 법을 배운다면 복수심에 불타 몸과 마음이 망가지지 않도록 피할 수 있다. 마음속 적의를 없애고 보복의 굴레에서 벗어나고 싶은가? 그렇다면 다음 방법을 시도하자.

첫째, 나쁜 감정을 받아들이자. 억눌린 가정환경이나 나쁜 경험에서 적의가 생겼다면 복수심으로 이어질 확률이 높다. 어제 생긴 원한이 오늘은 분노가 되고 내일은 복수로 이어지는 법이다.

분노를 억누르면 원한만 더 커진다. 삶을 비관하거나 원한에 파묻히고 싶지 않다면 나쁜 감정을 담담하게 받아들여야 한다. 불만과 원한, 분노를 숨긴다고 될 일이 아니다. 굳이 감정을 속이고 즐거운 척할 필요는 없다. 즐거운 일을 주변인과 나누듯 나쁜 감정도 인정하고 자연스럽게 이야기하는 법을 배워야 한다.

둘째, 내게 상처를 준 상대를 용서하자. 지혜가 넘치는 사람은 불화를 평화로 바꾸고, 마음이 넓은 사람은 원망을 사랑으로 바꾼다. 불화와 원망을 잠재우면 마음이 편해지고 상대의 이해와 신뢰, 존중을 얻는다.

복잡한 사회에서 타인과 부딪히는 일을 매번 피하기는 어렵다. 고의가 아니라면 넓은 마음으로 상대를 용서하고 오해를 풀자. 그러나 상대가 일부러 도발하고 상처를 입히려 했다면, 그 행동에 기분이 상했으니 앞으로는 조심하라고 따끔하게 경고해야 한다.

셋째, 이성에 따라 행동하자. 미숙한 사람은 문제 앞에서 이성보다 감정에 휘둘린다. 그래서 억울한 일이 생기면 자제력을 잃고 복수를 꿈꾼다. 문제가 생기면 스스로 이렇게 질문하자.

'이 방법은 과연 옳은가?', '이렇게 하면 결과가 어떨까?' 이런 식으로 질문하다 보면 복수에 목을 매는 잘못된 생각과 나쁜 태도를 극복할 수 있다.

분노하는 마음에
물 끼얹기

하버드 심리학 수업에서는 '약자는 행동으로 감정을 조절하고, 강자는 감정으로 행동을 조절한다'라는 격언이 자주 등장한다. 불쾌한 상황에서 약자는 불같이 화내지만 강자는 담담하게 대처한다. 분노는 보통 외부 사물을 보는 인식, 해석과 평가에서 비롯된다. 개인의 성격과도 관계가 있지만 무엇보다 중요한 요소는 감정조절능력이다. 똑같은 일에도 사람마다 다른 반응을 보이는 이유는 감정조절능력이 저마다 다르기 때문이다.

오스트리아에서 교사로 일하던 해니스는 제2차세계대전이 터지자 스웨덴으로 피신했다. 일단 한숨 돌렸지만 급하게 떠나느라 돈 한푼 챙기지 못한 탓에 곧장 일자리를 구해야 했다. 그는 여러 언어에 능통했기에 몇몇 무역회사에 이력서를 담은 편지를 보냈다. 그러나 좀처럼 연락이 없었다. 한 곳에서 답장이 왔지만 내용은 이랬다.

'당신은 무역을 전혀 모릅니다. 그런데도 이력서를 낸다는 건 어리석은 짓이죠. 나는 편지나 대신 써줄 비서를 찾는 게 아니에요. 만약 비서가 필요하다고 해도 당신을 뽑을 수는 없습니다. 당신은 기초 스웨덴어도 모르니까요. 편지에 틀린 글자가 수두룩하더군요.'

해니스는 화가 나서 미칠 것 같았다. 스웨덴어 실력을 지적하는 이 편지야말로 틀린 글자투성이였기 때문이다. 그는 참지 못하고 날카로운 어투로 반격 편지를 쓰기 시작했다. 하지만 몇 줄 쓰다 말고 생각에 잠겼다.

'지금 이럴 때가 아니야. 왜 이 사람이 틀렸다고 생각했을까? 내가 글자를 잘못 썼을지도 모르는데 말이야. 정말 그렇다면 다음에 더 신경 쓰면 되잖아. 어떻게 보면 이 사람이 나를 도와준 셈이야. 반대로 감사 편지를 써야겠군.'

해니스는 반격 편지를 찢어버렸다. 다음은 새로 쓴 내용이다.

'수고를 마다하지 않고 답장해주셔서 감사합니다. 귀사 업무에 대해 잘못 안 점은 정중히 사과드립니다. 제가 이력서를 보낸 건 사장님이 무역 분야 최고봉이라고 들었기 때문입니다. 편지에 틀린 글자가 그렇게 많은 줄 미처 몰랐습니다. 대단히 부끄럽게 생각합니다. 그러니 스웨덴어를 더욱 열심히 공부하려고 합니다. 잘못을 알려주시고 발전할 계기를 주시니 다시금 감사드립니다.'

두 번째 편지를 보내자 곧 답장이 왔다. 전과 달리 온화하고 다정한 말투로 일자리를 주겠다는 내용이었다.

분노는 습관이자 선택이며, 본능이자 충동이다. 화를 내면서도 왜 기분이 상했는지 모를 때가 있다. 습관처럼 분노할 뿐 무엇이 나쁜 감정을 일으키는지 모르기 때문이다. 화가 날 때는 다음 문제를 깊이 생각해보자.

첫째, '분노의 원인과 그 강도가 적당한가?' 주변을 둘러보면 별 것 아닌 일로 분통을 터뜨리는 사람이 많다. 이것은 적당히 화내는 법을 모르거나 일부러 크게 화내기 때문이다. 이런 사람들은 작은 분노에는 적당한 이유를 붙이지만 크나큰 분노에는 어떤 이유라도 불충분하고 비합리적이라고 생각한다.

둘째, '다른 선택지는 없는가?' 분노에 뒤따르는 행동방식은 무수히 많다. 고함치거나 때리는 등 상대를 공격할 수도 있고 그 자리를 떠나 나쁜 감정을 멀리할 수도 있다. 무엇보다도 대담하고 자신 있게 대처하는 게 최고다. 자기 입장을 다시금 설명하는 동시에 담담한 어투로 분노라는 감정을 나타내는 방식이다.

셋째, '감정을 나타내기에 어떤 방식이 가장 좋을까?' 분노에 대처하는 자기만의 방식을 3가지 준비하자. 늘 한 가지 방식, 예를 들어 고함치기만 되풀이하면 문제를 해결할 수 없고 한 가지 방식이 모든 상황에 들어맞을 리도 없다. 분노에 대처하는 3가지 방식을 미리 준비했다면 감정을 나타내기 전에 어느 방식을 택할지 충분히 고민해야 한다.

넷째, '각 방식이 어떤 결과를 불러올까?' 화가 날 때 충동에 휘둘리면 결과를 예상할 여유가 없다. 반면 충동을 억누르고 대처법을 고를 시간을 둔다면 문제를 두고 다각도로 깊이 생각할 수 있다.

충돌을 부르는
충동 다스리기

하버드대학을 졸업한 심리학자 줄리안 태플린은 이렇게 말했다. "분노는 마음에서 가장 큰 약점이다. 사람들 생각과 달리 분노는 결코 용기가 아니다."

아무 때나, 아무에게나 버럭 화내는 건 용기가 아니다. 용기란 강인한 마음으로 이성을 지키고 말수를 줄이는 것이다.

인간 본성은 시간의 영향을 크게 받는다. 사건이 일어나고 시간이 흐를수록 감정은 강에서 약으로, 이성은 약에서 강으로 흘러간다. 인류가 저지른 잘못 대부분은 '충동' 탓에 일어났다. 사람들은 충동에 휘둘려 잘못을 범하고 금세 후회하곤 한다. 왜 이런 일이 되풀이될까? 사람들은 어떤 사건 앞에서 원인에만 집중하고 다른 요소를 무시하는 오류를 범한다. 그 탓에 편견이 생기고 잘못된 결정이 내려진다. 현명한 사람만이 잘못된 편견과 결정을 바로잡을 줄 안다.

에드워드 베드퍼드는 석유왕 존 록펠러의 동업자였다. 어느 날 베드퍼드가 사무실에 찾아가자 록펠러는 책상에 엎드려 뭔가 적고 있었다. 록펠러는 베드퍼드를 반갑게 맞이했다.

"자네 왔군! 이번에 얼마나 큰 손해가 났는지 들었겠지. 나도 많이 생각해봤어. 곧 책임자가 올 텐데 그 전에 준비하고 있다네."

물론 베드퍼드도 이번에 입은 손해를 잘 알았다. 아프리카에서 벌어진 사고로 록펠러와 베드퍼드는 수백억 원에 달하는 투자금을 잃었다. 사고 여파가 어디까지 이어질지 예상하기도 어려웠다. 베드퍼드는 가까이 다가가 록펠러가 적은 내용을 들여다봤다. 그러고는 깜짝 놀랐다. 예상과 달리 책임자를 질책하는 내용이 아니라 그의 장점이 줄줄이 적혀 있었다. 그중에는 책임자가 3번이나 회사에 큰 이익을 가져온 일, 그 이익이 이번 손해보다 훨씬 크다는 내용도 있었다. 이후 베드퍼드는 한 인터뷰에서 이 일을 언급했다.

"그때 록펠러가 보여준 방식을 잊지 못합니다. 이제 나도 누군가에게 화가 나면 종이와 펜을 꺼내 그 사람의 장점을 줄줄이 적습니다. 목록을 완성하면 분노는 누그러지고 문제를 다시금 바라보게 되죠. 몇 년 사이에 습관이 됐답니다. 분노를 다스리기에 탁월한 효과가 있습니다. 그때 뒷일을 생각하지 않고 책임자에게 화를 냈다면 뒤따르는 갈등과 충돌이 2배로 늘었을 겁니다. 더더욱 처참한 고통 속에서 대가를 치렀을 테고요."

문제가 터지고 가장 먼저 드는 생각은 올바른 해결책이 아니라 충동에 가깝다. 감정에 휘둘려 충동에 따른다면 제풀에 무너질 뿐이다. 꾸준히 사고력을 기르고 문제 앞에서 깊이 생각한 끝에 행동한다면 충동에서 벗어나 나은 결과를 불러올 수 있다.

다행히 어려운 일은 아니다. 다음 몇 가지 방법만 따르면 된다.

① 생각 적기

화가 나거나 싸우고 싶은 충동이 들면 종이와 펜을 꺼내 머릿속 생각을 줄줄이 적어보자. 다만 규칙이 있다. 1단계로 이렇게 적는다. '깊은 생각 끝에, 나는 ……하기로 했다.' 예를 들어 일 문제로 동료에게 따지고 싶다면 이렇게 쓴다. '깊은 생각 끝에, 나는 동료에게 따지기로 했다.' 2단계로 자기 자신에게 질문을 던진다. '그러면 어떻게 될까?' 마지막 3단계로 그 결과를 적는다. '동료와 서먹해져서 함께 일하기 어렵다.' 3단계 결과 문장은 생각나는 대로 많이 쓸수록 좋다.

이처럼 간단한 방법으로 '상위인지능력Metacognition'을 기를 수 있다. 인간은 인지능력을 갖고 생각한다. 상위인지란 스스로 감정과 생각, 능력을 알고 다스리는 힘이다. 인간만이 지닌 특성이라고 단언할 수는 없다. 하지만 누구나 가진 능력은 아니며 설령 그렇더라도 모두가 제대로 다루지는 못한다.

생각 적기 1단계에서 '……하기로 했다'라고 적는 순간, 3단계 결과 문장을 떠올리기도 전에 충동과 이성을 구분하게 될 것이다. 이때 머릿속 생각이 충동임을 알아차리면 즉각 이성적인 생각으로 넘어가 인지 과정을 조절하고 통제할 수 있다.

생각보다 훨씬 많은 사람이 감정에 휘둘린다. 흔들리는 마음 탓에 큰 손해나 상처를 입으면서도 자각조차 못 하는 경우가 부지기수다. 생각 적기는 이런 상황을 피하기 좋은 방법이다. 몇 번 연습해서 익숙해지면 나중에는 종이에 적을 필요도 없다. 충동이 들 때 문제를 다시 생각하는 것만으로도 나쁜 감정을 물리치고 이성에 따르는 삶을 살 수 있다.

② 충동 억제하기

인간관계에서 충돌이 생기면 충분한 시간을 둬 충동을 누그러뜨리고 경솔한 행동을 막아야 한다. 다음 몇 가지 요소를 보자.

- 감정의 온도를 낮춰 분노와 충동을 잠재우자.
- 환경을 바꿔 주의를 돌리자. 빠른 심장박동을 느끼며 자신에게 집중해 안정을 찾자. 한껏 부푼 나쁜 감정을 줄일 수 있다.
- 입장 바꿔 생각하자. 공감능력이 뛰어난 사람은 입장 바꿔 생각하기에 능하고 분노를 빠르게 가라앉힌다.
- 체력을 많이 쓰자. 화가 날 때 권투, 수영, 달리기, 농구 등 강도 높은 운동을 하면 나쁜 감정을 잊는 데 도움이 된다.

③ 인격 가다듬기

불필요한 충돌을 피하려면 이성에 따르며 평온한 마음을 지켜야 한다. 그러려면 훌륭한 인격이 꼭 필요하다. 인격이 훌륭한 사람은 감정조절능력이 뛰어나며 어떤 상황에서도 감정에 휩쓸려 경거망동하지 않는다. 인격을 끊임없이 가다듬는 과정은 원대한 도전이다. 하지만 어렵게 생각할 필요 없다. 인격도 행동과 마찬가지로 굳은 결심과 꾸준한 노력으로 바꿀 수 있다. 우리는 사회인으로서 인격을 가다듬고 완성에 다가서고자 애써야 한다.

유언비어에
휘둘리지 마라

　사상과 학술의 보물창고이자 세계 최고 명문대학인 하버드는 수많은 정치인, 학자, 부자를 배출한 역사로도 유명하다. 인간의 본성인 질투라는 감정 탓인지 사람들은 종종 성공한 인사들의 면면을 두고 이러쿵저러쿵 떠들어대곤 한다. 이런 이유로 각종 유언비어나 모함에 대처하는 연습 역시 하버드가 주력하는 교육 중하나다. 이 교육의 핵심을 한마디로 말하자면 남의 말에 휘둘리지 말라는 것이다.

　재능 넘치는 청년 윌리엄은 하버드대학을 졸업하고 줄곧 캘리포니아에서 사업을 했다. 몇 년 후 그는 정치에 몸담기로 마음먹었다. 원래 부유한 집안 출신인데다 자신도 몇 년 동안 사업하면서 자산을 모았고 공익활동에 꾸준히 참여했기 때문에 무척 유리한 상황이었다.

승리에 혈안이 된 경쟁자는 윌리엄의 평판을 떨어뜨리려고 암암리에 계략을 꾸몄다. 얼마 후 유권자들 사이에서 작지만 강력한 스캔들이 순식간에 퍼져나갔다. 윌리엄이 졸업 후 어느 학교에서 잠시 교사로 일하는 동안 한 유부녀와 내연관계에 있었다는 내용이었다.

지각 있는 사람이라면 이것이 유권자의 눈을 교란해 표를 뺏으려고 흘린 뜬소문임을 대번에 알아차렸을 것이다. 상대편 의도는 단순했다. 일단 스캔들이 퍼져나가면 사람들이 윌리엄의 사생활에 의심을 품을 테고, 근거 없는 소문에 치명상을 입은 윌리엄은 적극적으로 결백을 주장할 것이다. 하지만 그가 자신을 변호하면 할수록 사람들은 더 크게 의심할 게 분명했다.

처음에는 윌리엄도 계략에 휘말렸다. 집에서는 끓어오르는 화를 참지 못했고 밖에 나가서는 해명하느라 바빴다. 최초 유포자를 찾아 고소할 준비까지 했다. 상황이 이렇게 되자 자기만의 대범한 풍모를 잃고 그동안 공들여 쌓아올린 좋은 인상까지 무너질 지경이었다.

한창 반격을 준비하던 중 대학 시절 지도교수가 이야기를 듣고 윌리엄에게 연락했다. "그런 일이 없었다면 해명할 필요 없네. 왜 그들 혀가 자네 삶을 좌우하게 내버려두는 건가?"

윌리엄은 은사의 말 한마디에 정신이 번쩍 들어 냉정을 되찾았다. 그는 이후 며칠 동안 이전처럼 여유롭고 활기찬 모습을 유지하며 아무 일도 없었다는 듯 각종 모임과 행사에 참석했다. 그리고 평소와 다를 바 없이 유권자, 동료들과 크게 웃으면서 솔직한 태도로 대화했다. 스캔들에 대해서는 한마디도 하지 않았다. 그러자 오히려 스캔들을 조작한 경쟁자가 조급해지기 시작했다.

선거일이 다가오자 경쟁자는 기어코 스캔들을 끄집어냈다. 그는 윌리엄의 도덕관념을 질책하며 국민을 대표할 자격이 없다고 몰아붙였다. 윌리엄은 상대방의 공격에 유쾌하게 반격했다. "대체 누가 그런 뜬소문을 퍼뜨렸는지 모르겠군요. 언급된 여성은 당시 미혼이었고 만나는 분도 없었죠. 제가 쫓아다녔지만 번번이 퇴짜를 맞았고요. 지금 그녀는 이미 결혼해서 남편이 있답니다. 바로 제가 그 남편입니다. 이런 이야기까지 파헤치다니, 요즘 기자들이 정말 대단하다고 인정할 수밖에 없군요!"

유쾌한 말로 가볍게 위기를 넘긴 윌리엄은 선거에서 대승을 거두고 성공적으로 상원에 입성했다.

사람이 모이는 곳에는 언제나 유언비어가 따른다. 같은 정보를 반복해서 접하면 사실 여부와 관계없이 자연스레 믿음이 가기 마련이고, 확인되지 않아도 입에서 입으로 전해지는 과정에서 신뢰도가 끝없이 상승한다. 터무니없는 유언비어는 개인의 행복을 파괴하고 나쁜 감정을 일으키는 원흉이다. 개인뿐만 아니라 사회의 상호불신을 심화하고 갈등을 부추기며 심한 경우 집단 충돌까지 이어질 수 있다. 근거 없이 떠돌아다니는 유언비어를 잠재우고 싶다면 다음 방법을 참고하자.

첫째, 적당한 시기에 대응하자. 온당치 않은 비난, 질책을 받거나 말도 안 되는 소리에 해명을 요구받는다면 감정적으로 대꾸하기보다 우선 말을 아끼는 자세를 유지하자. 물론 무조건 입을 다문다고 능사는 아니다. 공백을 채우려는 특유의 본능 탓인지 사람들은 늘 확실한 사실보다 불확실한 낭설에 더 큰 관심을 보인다. 그래서 침묵하는 사람은 뭔가 숨기거나 말하기 어려운 비밀이 있다고 오해받는다. 그러므로 유언비어에 시달린다면 일단 침묵을 유지하다가 적당한 시기에 직접 대응해야 한다.

둘째, 제삼자에게 힘을 빌리자. 입이 있어도 속 시원히 말할 수 없는 곤경에 빠졌다면 중립적이고 믿음직한 제삼자를 내세워 의견을 대신 말하도록 하자. 또한 해명과 반박을 할 때는 반드시 상세한 정보를 명확하게 제시하고 전후 맥락과 자초지종을 세세하게 이야기해야 한다. 그러지 않고 무례한 태도로 결백을 주장하면 도리어 의혹만 키우게 된다.

Anxiety

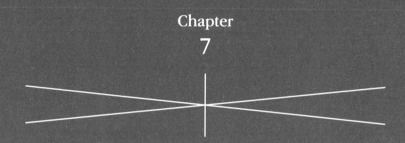

Chapter
7

[나쁜 감정 6]

불안

마음을 깨뜨리는 독소

Harvard
Message

2008년 하버드대학 졸업식, 총장 드루 길핀 파우스트는 식장을 가득 메운 졸업생들에게 힘줘 말했다. "여러분은 의미 있는 삶, 성공적인 삶을 희망하므로 절대 불안에 떨지 않을 것입니다." 그녀는 이 축사에서 사람들이 미래를 생각하며 불안해하고 고뇌하는 이유는 성공과 행복의 관계를 명확하게 이해하지 못하기 때문이라고 말했다. 그렇다. 돈과 명예를 가져다주는 성공을 갈망하는 동시에 진정으로 행복한 삶을 바라기에 그토록 곤혹스러운 것이다. 지금 우리는 평온이 점점 사라지는 세상에 살면서 늘 현재와 미래의 삶을 걱정한다. 이런 불안과 초조는 대체 어디에서 왔을까? 어떻게 해야 피할 수 있을까? 어떻게 해야 평안한 삶을 살 수 있을까?

마음이 아프면
몸도 아프다

만사가 귀찮고 재미없을 때가 있다. 그전까지 밝고 활기차던 모습은 온데간데없고 아무리 쉬어도 피로가 밀려와 바쁜 일상에서 벗어나고만 싶다. 더 큰 문제는 그렇게 괴로워하면서도 심리적 피로가 크다는 사실을 자각하지 못하는 데 있다.

권태는 사람을 병들게 한다. 다들 인생이 너무 짧다고 한탄하지만 인생은 사실 길다. 제대로 쓰지 못하고 낭비하기 때문에 지나서 후회하는 것뿐이다. 심리적 피로는 인생을 낭비하게 만드는 가장 큰 원흉으로, 하루하루 흥미와 재미를 앗아가고 이유를 알 수 없는 슬픔에 빠지게 한다.

평범한 직장인 마이크는 37번째 생일에 놀라운 결정을 내렸다. 그는 즉각 회사로 달려가 대우가 아주 좋은 기자 일을 그만두고 수중에 있던 현금마저 노숙자에게 줬다. 그러고서 깨끗한 속옷 하나만 달랑 들고 캘리포니아에서 출발해 히치하이킹으로 미국을 횡단하는 대장정을 시작했다.

사실 마이크의 마음은 붕괴하기 일보 직전이었다. 어느 날 오후, 매일 되풀이되는 일상으로 젊음을 낭비하고 있다는 생각에 진절머리가 났다. 일을 시작할 때 품은 포부와 열정은 사라진 지 오래고 남은 거라고는 짜증과 불만뿐이었다. 그는 이 말도 안 되는 생활을 당장 내던져버리기로 결심했다.

마이크는 길을 걸으면서 수년간 이어진 고난 속 생활을 되짚어 봤다. 일을 시작하고 줄곧 성실하게 임한 덕에 적정한 보상을 받은 것도 사실이었다. 그러나 그는 단 한 번도 안정감과 편안함을 느끼지 못했다. 미국에서 가장 성공한 기업가나 최고 인기스타를 인터뷰할 때도 전혀 신이 나지 않았다. '나는 대체 왜 사는 거지?' 자신에게 수없이 질문을 던졌지만 도무지 답을 낼 수 없었다.

마이크는 몇 개월간 걷고 또 걸으면서 자기 삶을 꼼꼼히 되돌아봤다. 그리고 마침내 미국을 한 바퀴 횡단하고 캘리포니아로 돌아오는 순간에는 삶의 열정을 되찾았다. 미국을 횡단하는 사이 그는 어떤 목표도 세우지 않았고 자기 자신을 편안하게 만들며 삶을 돌아보는 일에만 집중했다.

이후 마이크는 전혀 다른 삶, 집필과 여행에 전력을 다하는 생활을 시작했다. 이런 삶만이 그에게 즐거움과 행복을 가져다주기 때문이었다.

하버드 의대에서 연구한 바에 따르면 심신이 과도하게 긴장할 때 면역력이 크게 저하된다고 한다. 심리적 피로는 알지 못하는 사이 곁에 다가오는 잠재적 살인마다. 이 살인마는 사람을 단번에 죽이지 않는다. 아주 천천히 중독되는 약처럼 일정한 시간이 흐르고 피로도가 어느 수준까지 오른 후에야 비로소 질병을 일으킨다. 이때 사람들은 삶을 이어갈 투지와 용기를 잃는다.

하버드 보건대학원 데이비드 자비치 교수는 같은 일을 장기간 지속하면 지겨움, 싫증, 나태 같은 감정이 커지고 일한 결과 역시 무난한 수준에서 벗어나기 어렵다고 말했다. 에너지와 창의력이 고갈된 상태기 때문이다. 다음은 심리적 피로를 효과적으로 해소하는 몇 가지 방법이다.

첫째, 노동과 휴식을 조화롭게 배치하자. 일과 생활에서 시간을 합리적으로 분배해야 한다. 일의 경중을 고려하며 규칙적으로 생활하고, 편히 쉴 시간도 확보해야 한다. 달리기, 수영, 산책 같은 가벼운 운동은 활력을 더해 엉키고 굳은 두뇌가 기민하게 돌아가는 데 도움이 된다. 같은 일을 너무 오랜 시간 반복한 나머지 무슨 일을 해도 무덤덤하고 나쁜 감정이 들지 않게끔 해야 한다. 또 매일 7~8시간 숙면해야 몸과 마음의 피로를 해소할 수 있다.

둘째, 일에 대한 흥미를 키우자. 흥미라는 감정과 대뇌피질의 흥분은 연관성이 크다. 사람은 관심 없는 일을 할 때만 피로를 느끼고 관심 가는 일을 할 때는 피곤해하지 않는다. 만약 지금 하는 일에 전혀 흥미를 느끼지 못한다면 걱정하거나 부담감을 느끼기보다는 어떻게든 흥미를 가질 방법부터 찾아야 한다.

셋째, 당장 할 수 있는 일을 하자. 모든 일에는 감당할 수 있는 정도가 있다. 무리한 목표를 세우고 자신을 몰아세우지 말자. 애초에 할 수 없는 일인데 인상을 써가며 꾸역꾸역 해낼 필요 없다. 만약 어떤 일이 능력 밖에 있다고 여기면 잠시 내려놓고 목표를 조정하거나 아예 포기하는 편이 낫다.

넷째, 합리적인 목표를 세우자. 무슨 일을 하든 구체적이고 명확한 행동목표를 세워야 자기격려를 통해 처음 기대한 대로 성공을 이룰 수 있다.

다섯째, 좋은 인간관계 환경을 조성하자. 사람들과 잘 지내는 방법을 배워 가족, 동료, 친구들과 좋은 관계를 유지하자. 즐겁고 따뜻하며 서로 잘 맞는 분위기에서 생활해야만 명랑한 성격과 건강한 심신을 만들고 피로를 쉽게 떨쳐버릴 수 있다.

여섯째, 의지를 튼튼하게 단련하자. 의지가 강한 사람은 신체적 피로뿐만 아니라 심리적 피로도 쉽게 극복한다. 이런 사람들은 주어진 일을 순조롭게 마무리하고 반드시 목표를 달성한다. 평소 심신을 강하게 단련해 난관 앞에서도 물러서지 않으며, 이겼다고 자만하지 않고 졌다고 낙담하지 않는 강한 정신력을 기르자.

상처 없는
삶은 없다

탈 벤 샤하르 교수의 행복학 강의는 하버드 최고 인기 강좌로 여러 차례 선정됐다. 인기 비결은 샤하르 교수 개인의 노력과 떼어놓고 설명하기 어렵다. 그가 행복을 새롭게 이해한 계기는 어릴 때 배운 스쿼시였다.

5년간 전력을 다해 스쿼시를 훈련한 그는 자기 삶에 뭔가 부족한 부분이 있다고 생각했지만 정작 그게 뭔지 몰라서 답답했다. 하지만 몸이든 마음이든 강하기만 하면 결국 승리를 거둘 테고, 이 승리는 삶을 더 충실하고 행복하게 만들어주리라 굳게 믿었다.

샤하르는 마침내 이스라엘 전국 스쿼시 대회에서 우승했고 챔피언이 된 기쁨은 믿음을 더욱 확고하게 만들었다. 살면서 마주하는 각종 고난과 난관을 용감하게 받아들이고 스스로 강해지기를 원해야만 성공의 기쁨을 맛볼 기회가 생기는 법이다. 샤하르 교수는 학생들에게 '강한 자만이 운명이 선사하는 상을 받을 수 있다'라고 힘줘 말한다.

바르셀로나는 스페인 항구도시로 조선산업의 역사가 깊다. 이곳에는 수많은 조선소가 있지만 세계적으로 알려진 명소는 한 곳뿐이다. 무려 1,000년이라는 역사를 자랑하는 이 조선소는 문을 연 첫날부터 한 가지 전통을 이어 왔다. 이 조선소에서 만든 모든 선박의 모형을 만들고 그 위에 글씨를 새겨 각 선박의 운명을 기록하는 것이다. 조선소 안에는 이미 납품한 선박 모형만 진열하는 방이 따로 있다.

1,000년이 흐르면서 이 방도 점점 커졌다. 지금 이 조선소에서 가장 큰 건물이 바로 전시관이다. 이 전시관에는 10만 척도 넘는 선박 모형이 진열돼 있다. 여기 방문한 사람들은 누구도 예외 없이 크게 감동했다고 말한다. 우리 예상과 달리 그 이유는 모형의 정교함이나 독특한 아름다움도 아니고, 찬란한 스페인 항해의 역사를 떠올려서도 아니다. 관람객들이 감동한 이유는 바로 선박 모형에 새겨진 글이다.

예를 들어 스패니시프린세스호 모형에는 이런 문구가 새겨져 있다. '스패니시프린세스호는 50년간 바다 위에서 거친 풍랑과 싸웠다. 이 50년 동안 빙하에 11번 부딪혔고, 해적에게 6번 습격당했고, 다른 배와 9번 충돌했으며, 고장으로 좌초되는 사고를 21번 겪었다.'

각 모형 위에는 이처럼 해당 선박이 조선소를 떠나고 겪은 파란만장한 세월이 상세하게 기록돼 있다. 또 전시관 가장 안쪽 벽에는 1,000년 역사를 이어오는 동안 조선소에서 만든 모든 선박을 다룬 설명이 쓰여 있다. '지금까지 10만 척도 넘는 배가 조선소를 떠났다. 그중 6,000척은 바다에 침몰했고 9,000척은 심각한 손상을 입어 복구하지 못했다. 또 거의 6만 척에 가까운 배가 20번도 넘게 바다에서 큰 재난을 만났다. 바다에 나가서 재난을 겪지 않은 배는 한 척도 없었다.'

어떤 목적으로 만들었든 일단 배가 출항하면 반드시 위기를 만나는 법이다. 우리 인생 역시 항해하는 배와 같다. 출발점이 어디고 도착점이 어디든 삶이라는 항해를 시작하고 나면 상처 없이 나아가기란 불가능한 일이다. 똑같이 상처를 입어도 남들보다 빨리 아물려면 반드시 강해져야 한다. 물론 쉬운 일이 아니다. 지금 당장 작은 일부터 시작해 한 걸음씩 나아가며 강한 의지를 길러야 한다. 다음은 상처를 이겨낼 마음 근육을 기르는 법이다.

첫째, 넘치는 '자신감'으로 강한 의지를 다지자. 자신감이 부족하면 어려움에 부딪힐 때마다 뒤로 물러서려고만 한다. 반면 자신감이 넘치는 사람은 같은 상황에서도 더욱 힘을 내서 분투하며 일시적인 실패와 좌절 앞에 무너지지 않는다. 그들은 긍정적인 마음으로 난관을 극복하고 실패와 싸워 이긴다. 이것이 바로 자신감이 일으키는 힘이다.

둘째, 더 간절히 '소망'하자. 소망은 행위의 출발점이다. 인류의 모든 행위는 소망에서 시작한다. 되면 좋고 안 되면 그만이라는 식으로 품는 소망은 살면서 만나는 풍랑에 쉽게 날아가며 사람을 더 약하게 만들 뿐이다. 반면 그보다 더 간절한 소망은 크고 작은 풍랑을 모두 이겨낼 수 있다. 뭔가 간절하게 바라는 사람은 목숨이 붙어 있는 한 목표를 이루기 위해 멈추지 않겠다는 마음가짐으로 강한 의지를 보이며 끝까지 해낸다. 성공하고 싶다면 우선 성공을 간절히 바라야 한다. 그래야 별것 아닌 상처에 뒷걸음질 치는 일이 없다.

셋째, '명확한 목표'를 세워 더욱 강해지자. 어떤 사람들은 성공을 바라면서도 그 바람을 제대로 드러내는 명확한 목표가 없다. 당연히 무엇을 해도 중심을 잡지 못한 채 갈팡질팡하고 효율이 떨어진다. 기대한 성과를 거둘 수 없으니 점점 자신감을 잃고 의지가 약해지는 결과로 이어진다. 명확하고 구체적인 목표는 의지를 더 강하게 만들며 사람을 능동적이고 적극적으로 바꾼다.

넷째, 스스로 '난제'를 제시하자. 난제는 용기와 의지를 시험할 좋은 기회다. 이를 통해 모든 생각과 에너지를 눈앞에 놓인 일에 집중하도록 훈련할 수 있다. 물론 처음에는 힘들겠지만 서서히 숙련되면 긴장하지 않고 자연스럽게 문제를 해결하는 자신의 모습을 발견하게 될 것이다. 이 과정에서 우리는 더욱 성장하고 내면의 강한 의지를 확인할 수 있다. 난제를 기회로 삼을 줄 아는 사람에게 성공으로 향하는 길이 열린다.

다섯째, 도피는 문제를 해결하지 못한다. 문제 앞에 그저 눈을 감고 다 지나가리라고 스스로 최면을 걸어봤자 잘될 리 없다. 첫 걸음은 문제를 똑바로 바라보는 것이다. 용기를 내서 문제와 대면한 그 순간 이미 승리는 가까이 다가온 것이나 마찬가지다. 용기는 문제 해결의 선제조건이다. 도피하는 사람은 절대 앞으로 나아갈 수 없다.

내 안의 불안을
제압하는 법

우리는 따라잡기 힘들 만큼 빠르게 발전하는 시대에 살고 있다. 생활리듬이 나날이 빨라지고 그와 더불어 스트레스도 끊임없이 증가한다. 취업, 사회생활, 일상, 인간관계 등 여기저기서 받는 스트레스가 불러오는 불안과 함께 살아간다고 해도 과언이 아니다. 불안이 갈증처럼 물 한 잔 마셔서 해결되는 일이라면 좋겠지만 이 기묘한 감정은 언제 어떤 상황에서 나타날지 알 수가 없다. 심지어 곁에 있는지도 몰랐는데 어느새 헤어날 수 없는 깊은 구덩이로 사람을 몰아넣을 때도 있다. 불안은 마치 공기처럼 언제나 주위를 맴돌다 눈치채지 못한 틈에 당신의 건강과 즐거움을 뺏는다. 그리고 슬픔, 비관, 걱정 같은 나쁜 감정으로 당신의 삶을 조금씩 갉아먹는다.

사만다는 아프리카 사막에 자리 잡은 육군 기지에서 남편과 함께 살았다. 남편이 부대 일로 늘 바쁜 탓에 그녀는 작은 방에 홀로 남아 길고 외로운 시간을 보냈다.

날씨는 너무 덥고 언어 문제로 현지인과 소통하기도 어려웠다. 무엇보다 가족들이 보고 싶어서 괴롭기만 했다. 이곳의 모든 일에 반감이 생길 지경까지 이른 그녀가 할 수 있는 일이라고는 부모님께 편지를 쓰는 것뿐이었다. 사만다의 편지에는 늘 불공평한 인생을 원망하는 말이 가득했다. 또래 여성들은 사랑하는 사람과 멋진 시간을 보내는데 자신은 이렇게 이상한 곳에서 혼자 외로운 시간을 보내려니 너무 속상하다는 투정이었다. 급기야 그녀는 더 이상 참을 수 없다며 당장 모든 걸 포기하고 집으로 돌아가겠다는 편지를 써 보냈다. 얼마 지나지 않아 아버지에게서 답장이 왔다. 내용은 단 세 문장이었다.

"감옥에 갇힌 두 사람이 철창 사이로 바깥을 바라봤단다. 하지만 그들이 본 풍경은 달랐어. 한 사람은 바닥에 생긴 진흙탕을, 다른 한 사람은 하늘의 별을 바라봤지."

이 짧은 편지를 읽고 또 읽은 사만다는 불평불만만 늘어놓은 자신이 한없이 부끄러웠다. 마음의 평정을 찾은 그녀는 사막의 밤하늘에서 반드시 자신의 별을 찾겠다고 다짐했다.

우선 그녀는 손짓 발짓을 동원해 현지인들과 소통을 시도했다. 현지인들 역시 적극적이고 친근하게 다가오는 사만다를 환영했다. 그녀가 현지인들의 도자기나 직물에 관심을 보이면 크게 기뻐하며 선물하기도 했다. 사막은 이제 짜증스럽고 화가 치솟는 장소가 아니었다. 그녀는 모래 위에 우뚝 선 선인장 같은 온갖 사막 식물에 매혹됐고 종종 홀로 모래언덕에 기어올라 일몰을 감상했다. 또 고고학자가 된 것처럼 사막에 숨은 유적을 찾아다니기도 했다.

남편의 임무가 끝나고 미국으로 돌아온 사만다는 이 경험을 모은 책을 출간했다. 그녀는 이 책에서 과거의 자신처럼 불안에 휩싸인 사람들에게 조언을 건넸다. "원망을 멈추고 불안을 내려놓으세요. 그러면 밤하늘에 뜬 아름다운 별들을 볼 수 있습니다."

불안은 위협적인 사건이나 상황을 상상하며 과하게 걱정한 나머지 조바심을 내거나 초조해하는 감정이다. 이런 감정은 고도의 긴장을 불러오고 사람을 예민하게 만들며 심한 경우 심신 기능에 장애까지 일으킨다. 불안 정도가 높아지면 어지럼증, 답답함, 수면 장애 같은 각종 질병이 생기고 폭음이나 폭식 같은 비정상적인 행동이 나타난다. 쉽게 말해 한 번 문제가 시작되면 사람마다 다른 정도로 불안증이 생긴다고 할 수 있다.

탈 벤 샤하르는 오랫동안 불안에 시달리면 감정 파탄 상태에 들어선다고 경고했다. 개인이 느끼는 나쁜 감정이 끊임없이 증가하고 스트레스와 불안이 점점 커지면 사회 전체에 '감정 대공황' 현상이 일어난다. 하버드 의학박사 아이작 마크스는 저서 《불안과 함께 살아가기 Living with Fear》에서 불안을 해소하는 다양한 방법을 소개했다.

① 운동하기

신체는 혁명의 자본이라고 한다. 건강을 잃으면 사업, 사랑, 명예 같은 모든 가치가 아무짝에도 쓸모없어진다. 그러므로 운동을 게을리해선 안 된다. 매일 업무와 생활을 합리적이고 질서정연하게 계획한다면 운동할 시간을 확보할 뿐만 아니라 스트레스 해소에도 도움이 된다.

② 성취감 찾기

성취감은 불안을 없애는 가장 좋은 방법이다. 성취감을 느끼는 사람은 충만한 에너지와 만족감으로 불안을 금세 제압한다. 더 나은 자신을 만들 계획을 세우고 그에 따라 지식과 기능을 습득해 실생활에 적용한다면 자연스레 성취감을 얻을 수 있다.

③ 과거의 자신과 비교하기

사람들은 늘 본인의 단점과 타인의 장점을 비교하는 비논리적 오류를 범한다. 이제 그만 타인을 향한 시선을 거두고 어제의 나와 오늘의 나를 비교하자. 오늘 나는 어제보다 나아졌을까? 이번 프로젝트는 지난번보다 잘 수행했을까? 과거의 자신과 비교하기는 불안을 해소하는 비법일 뿐만 아니라 개인의 성장과 발전을 추진하는 가장 좋은 방법이다.

④ 눈치보지 말기

타인이 조금이라도 냉랭한 눈빛을 보이면 혼자 상상의 나래를 펼치는 사람이 많다. 내가 뭔가 실수했나? 내 말에 기분이 나빴나? 지금 저 표정은 내가 이번에도 승진을 못 한다는 뜻일까? 이런 부정적인 생각은 사람을 끊임없이 괴롭히며 불안을 키운다. 다른 사람이 어떻게 생각하든 스스로 최선을 다하면 된다.

⑤ 합리적인 일정 짜기

조용한 곳을 찾아 자기 시간을 정리하자. 이는 매우 중요한 일이다. 해야 할 일들을 나열한 후 중요도를 생각해 일정과 순서를 정하자. 그리고 순서에 맞춰 차근차근 진행하자. 그러다 보면 어느새 불안이 크게 줄어들고 일도 순조롭게 나아가는 모습을 보게 될 것이다.

⑥ 자신을 위한 시간 남겨두기

무의미한 모임이나 행사에 일일이 참석하면서 시간을 낭비할 필요는 없다. 좀 더 즐겁고 자신 있는 삶을 살고 싶다면 자기 자신을 위해 조용히 사색에 잠길 시간을 남겨두자. 또 콘서트에 가거나 친구와 수다를 떠는 것도 아주 좋은 휴식 방법이다.

성공을 부르는
'결단'의 힘

앞뒤를 꼼꼼히 살피며 매사에 신중하게 행동하는 것도 물론 중요하다. 하지만 너무 과하게 조심하다 보면 과감히 시도할 시기를 놓치는 경우가 종종 생긴다. 아무리 좋은 방법이라도 제때 적용하지 못하면 성공할 기회를 날리는 셈이다. 자기 분야에서 가장 뛰어난 인재가 되고자 한다면 반드시 '결단력'을 갖춰야 한다. 결단력은 삶의 중요한 순간마다 전면에 내세워야 할 만큼 중요한 자질이다. 결단력 유무는 당신이 성공으로 가는 길에서 난관을 극복하고 성공을 거머쥘 수 있을지 결정한다.

1900년대 초 미국의 면도용품 생산회사 질레트를 세운 킹 질레트는 세계 최초로 안전 면도날을 개발했다. 당시 남성들은 일자 면도칼을 썼는데 이는 아주 비쌌을 뿐만 아니라 한 번 쓸 때마다 날을 갈아야 해서 무척 번거로웠다. 게다가 면도 중 날카로운 칼날에 베여 상처를 입는 일도 허다했다.

질레트는 이 안전하고 편리한 면도날이 큰 인기를 끌어 업계에서 전무후무한 기적을 일으킬 거라고 확신했다. 하지만 예상과 달리 소비자들은 이 상품을 반기지 않았고 얼마 못 가서 재고 처리를 걱정할 지경에 이르렀다. 1903년에 질레트는 고작 면도기 51개, 면도날 168개를 팔았다.

이런 판매량으로는 회사를 제대로 끌고 갈 수 없었다. 마음이 급해진 질레트는 안전 면도날을 가방에 잔뜩 챙기고 여기저기 돌아다니면서 어떻게든 기회를 찾으려고 애썼다.

어느 날 질레트는 신문에서 전쟁 상황을 다룬 기사를 읽었다. 여기에는 최전선의 급박한 상황을 보여주는 병사들 사진이 있었다. 사진 속 젊은 병사들의 얼굴은 수염으로 뒤덮여 몹시 지저분해 보였다. 이 사진을 본 질레트는 정신이 번쩍 들었고 드디어 기회가 왔다고 생각했다.

그는 알음알음 소개받은 끝에 국방부 보급부서 담당자를 만났다. 그리고 전쟁을 지지한다는 뜻을 밝히며 돈을 벌려는 게 아니라 병사들을 응원하는 순수한 마음으로 원가만 받고 안전 면도날을 납품하고 싶다고 말했다.

몇 달째 적자가 쌓인 상황을 생각하면 이 제안은 회사의 미래를 건 한판 도박이나 다름없었다. 주변 사람들이 이런저런 의견을 던졌지만 질레트는 일절 대응하지 않고 술렁임이 잠잠해질 때까지 내버려뒀다.

얼마 후 전선을 지키는 각 부대에 질레트 안전 면도날이 보급됐다. 전 세계 각 지역 전선을 따라 끊임없이 이동하며 싸우는 병사들과 함께 질레트의 면도날도 이곳저곳을 누볐다. 이는 세계를 상대로 퍼뜨리는 광고나 다름없었다.

1917년 질레트 안전 면도날은 세계에서 가장 유명한 면도용품이 됐다. 질레트는 그 해에만 무려 1억 3,000만 개가 넘는 안전 면도날을 팔아치웠다.

꿈에 좀 더 다가서고 싶다면 상상과 소망만으로는 한참 부족하다. 목표 달성을 위한 구체적인 행동이 더욱 많이 필요하다. 결단력 넘치는 행동은 당신이 성공에만 매진하게 돕는다. 또 모든 일을 능숙하고 빈틈없이 완성할 수 있도록 하고 일의 효율도 크게 끌어올린다.

결단은 거칠고 경솔한 행동이 아니다. 이는 문제를 두고 심사숙고한다는 전제하에 가장 적절한 때 명확하게 조치하는 능력이다. 결단력을 길러 성공에 더 가까이 다가서고 싶다면 다음 방법들을 시도하자.

첫째, 기존 평가체계에서 멀어지자. 어떤 일을 준비할 때 한 가지 기준으로만 평가하거나 타인의 눈치를 봐서는 안 된다. 당신 삶은 당신 것이며 주도권은 언제나 당신 손에 있다. 타인의 기준이 어떤지 기웃거리지 말자.

어떤 분야에서 무슨 일을 하든지 좀 더 잘하고 싶다면 각 단계에 따른 결과를 단순히 옳고 그름, 좋고 나쁨의 잣대로 평가하는 방식부터 버려야 한다. 이는 단지 개개인의 서로 다른 기준에 따른 평가일 뿐이다. 애초에 옳다, 그르다고 말할 수 없고 제대로 된 평가라 보기도 어렵다. 좀 더 구체적인 수치나 자료를 이용해 평가한 뒤 결과에 따라 부족한 점을 보완해 더 나아지려고 애써야 한다.

둘째, 명확한 목표를 세우자. 어떤 일을 준비할 때는 반드시 문제를 종합하는 생각과 판단이 함께 이뤄져야 한다. 예를 들어 텔레비전을 한 대 살 생각이라고 하자. 이때 당신은 유명하고 비싼 브랜드와 평범하고 저렴한 브랜드 중 하나를 고르고, 텔레비전 크기를 정하고, 가격대도 확인해야 한다. 이런 목표를 확실히 정한 후 매장에 가서 미리 생각한 기준에 맞춰 사야지, 아무 기준 없이 판매원이 권유하는 대로 사서는 안 된다. 마찬가지로 중요한 일을 처리하기 전에는 스스로 목표를 명확하게 세우고 세부사항까지 꼼꼼히 준비하는 편이 좋다.

셋째, 예상치 못한 상황에 흔들리지 말자. 처음부터 끝까지 안정되고 단순하게 흘러가는 일은 없다. 사전에 아무리 꼼꼼하게 생각하고 준비했어도 막상 일하다 보면 다양한 변수와 새로운 상황이 생기기 마련이다. 이처럼 예상치 못한 상황은 의지가 약한 사람에게 치명타로 다가온다. 생각지 못한 상황에 갑작스레 부딪힌다면 당황하지 말고 평온을 유지하자. 감정에 휩쓸리지 않도록 자신을 가다듬고 침착하게 방해물을 제거하자. 그래야만 잘못된 선택을 막을 수 있다.

넷째, 자기만의 관점과 생각을 유지하자. 사람마다 지식과 소양에 차이가 있고 흥미와 취미, 문제를 보는 각도도 다르다. 그래서 같은 문제를 마주하고도 각기 다른 관점과 의견이 나타난다.

매사에 너무 머뭇거리고 결정을 내리지 못하는 사람들은 고민만 되풀이하다가 '나도 모르겠다'라는 심정으로 타인의 의견에 따를 때가 많다. 자기 일인데도 자주성을 전혀 발휘하지 못하는 셈이다.

외부에서 들리는 이런저런 말을 쉽게 믿거나 따라서는 안 된다. 언제나 자기 선택이 가장 정확하다고 믿어야 한다. 온갖 뒷공론에 너무 신경 쓸 필요 없다. 바깥에서 신나게 떠드는 목소리를 들으면서도 생각과 행동에서 독립성을 지킬 줄 알아야만 결단력 있다고 말할 수 있다.

외모 콤플렉스가
당신을 괴롭힌다면

하버드 학생들은 어떤 사람일까? 혹시 빌 게이츠를 떠올리지 않았는가? 두꺼운 뿔테 안경에 체크무늬 셔츠를 입고 패션이나 유행과는 담쌓은 듯한 모습 말이다. 하지만 이 예상은 틀렸다. 이런 모습은 하버드와 거리가 멀다. 물론 하버드 학생들은 늘 책을 읽고 연구를 멈추지 않지만, 고리타분하고 세상 물정 모르는 책벌레가 아니다. 하버드는 미국을 넘어선 세계 최고 상아탑일 뿐만 아니라 아름다움이라는 가치를 추구하는 곳이다.

하버드는 매년 '올해의 하버드인' 선발대회를 개최한다. 이 대회에서는 세계 각지에서 찾아온 신입생 700여 명을 대상으로 예선 투표를 진행해 우선 80명을 후보로 선발한다. 그 후 아름다움과 지혜를 겨루는 온갖 각축전을 벌인다. 경쟁 끝에 각 분야 인사들에게 인터넷 투표를 받고 엄격한 심사를 거쳐 올해의 하버드인을 최종 선발한다.

　이런 말이 있다. "신은 재능 넘치는 사람을 시샘한다." 팝 듀오 카펜터즈를 생각하면 틀린 말은 아니다. 친남매끼리 만든 이 그룹 카펜터즈는 1970년대에 혜성처럼 등장해 팝 장르 역사상 가장 큰 성공을 거뒀다. 1980년대 초 카펜터즈는 멋진 노래를 연이어 발표하며 큰 인기를 누렸다. 처음에 타고난 재능을 보인 쪽은 오빠 리처드 카펜터였으나, 아름다운 목소리로 노래하는 여동생 캐런 카펜터가 대중에게 더 깊은 인상을 남겼다.

　캐런의 목소리는 매우 독특했다. 그녀가 부드러운 중저음에 진한 감정을 담아 노래하면 매료되지 않는 사람이 없었다. 미국 팝 음악계에 카펜터즈 스타일이라는 말이 생겨날 정도였다. 70~80년대 록 장르가 대중음악의 주류로 자리 잡은 상황에서도 카펜터즈는 특유의 분위기로 인기를 지켰다. 록 스타일 노래라도 캐런이 부르면 포근하고 우아한 느낌이 날 정도였다.

　그렇게 음악계에서 인정받고 내놓는 곡마다 큰 인기를 얻었지만 캐런은 아름다움에 병적으로 집착했다. 이미 균형 잡힌 몸매였음에도 당시 유행한 비쩍 마른 몸매를 갈망했다. 오랫동안 엄격하게 식단을 관리한 캐런은 급기야 거식증 증세까지 보였다. 병원에서 치료받았는데도 상태가 워낙 심각한 탓에 음식을 평범하게 먹는 단계까지 회복하지 못했다. 입에 음식을 넣으려고만 하면 심하게 구토하고 지쳐 쓰러지기를 되풀이했다.

32세가 되던 해, 가시나무처럼 앙상하게 뼈만 남은 캐런 카펜터는 부모님 품에서 세상을 떠났다. 그녀를 죽음으로 몰아간 원인은 아름다움에 대한 병적인 집착이었다.

누구나 예쁘고 아름다운 것을 좋아한다. 성공한 사람들은 외모와 재능 사이 완벽한 조화를 추구하는데 이 자체는 별 문제가 되지 않는다. 진정한 문제는 외적 아름다움을 과도하게 좇는 바람에 작은 결점 하나도 용납하지 못하는 경우다. 이런 사람들은 작은 결점 하나에도 심각한 위기감을 느끼고 과도한 스트레스를 받다가 급기야는 아름다움을 추구한다는 명목으로 자기 자신을 학대하기에 이른다. 자기 불만이 극에 달한 사람에게 자신감이나 적극성이 있을 리 만무하다. 외적인 아름다움 때문에 스트레스를 받고 있다면 다음 5가지를 기억하자.

① 자신감
영국의 간호사 플로렌스 나이팅게일은 세상에서 가장 아름다운 사람이라 불린다. 하지만 그녀의 체형은 왜소했고 언제나 무표정인 탓에 평범한 관점으로 볼 때 아름답다고 할 수는 없었다고 한다. 그럼에도 그녀는 수십 년 동안이나 자기 일에 있어서 희망과 자신감을 잃지 않았고 사랑과 헌신으로 환자를 돌보며 큰 존경을 받았다. 나이팅게일을 아름답게 만든 요소는 바로 넘치는 자신감이다.

② 웃는 얼굴

최대한 많이 웃고 언제나 미소 띤 얼굴로 세상을 마주하자. 그것만으로도 주변에 아름다움을 퍼뜨릴 수 있고 사람들은 그런 당신을 보며 행복할 것이다.

③ 분위기

얼굴이 예쁘지 않거나 다른 사람보다 키가 작을 수도 있다. 하지만 이런 사소한 요소가 자기를 비하하는 이유가 돼서는 안 된다. 당신이 풍기는 분위기로 충분히 느낌을 바꿀 수 있다. 분위기는 말과 행동, 특히 사람과 사물을 대하는 방식이나 태도에서 드러난다. 분위기를 보면 그 사람의 마음과 인격 수준을 가늠할 수 있다. 더욱 고상하고 우아한 태도, 자연스러운 언행으로 상대에게 감동을 주고 친절과 따뜻함을 전한다면 주변에 사람이 끊이지 않을 것이다.

④ 흥미와 취미

여러 분야에 흥미를 느끼고 편안한 마음으로 다양한 취미에 집중하면 외모에 신경 쓸 겨를이 없다. 또 다양한 사람을 만나고 여러 일을 해나가면서 식견을 넓히고 자신감을 기를 수 있다.

⑤ 규칙적인 생활

연구 결과 규칙적인 생활은 건강과 미용에 큰 영향을 끼친다.

충분히 자고, 폭식이나 폭음을 피하고, 영양분을 골고루 섭취하는 습관을 만드는 게 가장 중요하다. 이런 생활방식은 정신을 더욱 맑게 할 뿐만 아니라 생체리듬을 조절해 노화를 늦추는 효과까지 있다.

성공하고 싶어서
조바심이 날 때

"사회에 나가 언제나 일이 잘 풀리고 최고로 평가받기를 원한다면 하버드에 다니는 동안 햇볕 한 번 쬘 시간도 없어야 한다." 하버드 교수들이 학생들에게 농담 반 진담 반으로 건네는 이야기다. 이 말처럼 성공은 우연이나 잠깐의 노력으로는 붙잡을 수 없다. 성공한 사람들 뒤편에는 남몰래 흘린 땀과 눈물이 가득하다.

1891년, 이제 막 13살이 된 호리호리한 소년이 텍사스주를 횡단하는 기차에서 신문과 시가를 팔고 있었다. 승객 몇 명이 최근 투자시장을 두고 이야기를 시작하자 소년은 잠시 일을 멈추고 유심히 귀를 기울였다.

이 소년의 이름은 윌리엄, 언젠가는 미래를 정확히 예측해 시장을 쥐락펴락하는 뛰어난 투자자가 되겠다고 결심한 당찬 아이였다. 하지만 윌리엄의 꿈을 들은 승객들은 모두 웃음을 터뜨리며 놀릴 뿐이었다. "아, 그래? 그거 좋지! 행운을 빌어. 하지만 신이 아니고서야 미래를 예측할 수는 없단다."

놀림당한 윌리엄은 눈물이 차올랐지만, 이내 반드시 해내겠다고 다짐했다. 성인이 된 윌리엄은 꿈을 이루고자 작은 지하실을 빌렸다. 그는 이 지하실에서 종이 위에 직접 캔들 차트˙를 그려 벽에 붙였다. 그리고 돈을 벌고자 외출할 때를 제외하고는 이 복잡하고 단조로운 차트를 몇 시간씩 뚫어져라 쳐다보며 분석했다.

얼마 후 윌리엄은 미국에서 유가증권시장이 생긴 이래 발생한 거래기록을 모조리 수집했다. 그리고 그 복잡한 수치 안에서 일정한 움직임을 찾아내려고 애썼다. 그러나 그에게 자산을 맡기는 고객은 없었다. 돈도 벌지 못하고 밤낮없이 자료를 분석하느라 제대로 일하지도 못한 탓에 나중에는 친구들 도움을 받으며 어렵게 생활해야 했다. 이런 생활은 장장 6년이나 이어졌다. 이 기간에 윌리엄은 모든 에너지를 집중해 기하학, 점성학, 고대 수학을 공부하고 미국 주식시장의 추이를 자세히 분석했다.

윌리엄은 마침내 주식시장의 미래 흐름을 정확하게 예측하는 방법을 발견했다. 그는 청춘을 바쳐 알아낸 이 방법에 갠 이론Gann Theory˙˙이라는 이름을 붙였다. 이후 윌리엄은 금융투자학자로 활

• 일정 기간의 주가 추이를 막대 모양으로 나타낸 차트다.

•• 전통적인 차트 분석 이론을 기본으로 시간과 간격을 수학적, 기하학적으로 조합해 나온 기하학적 각도를 통해 가격 반전이 어느 수준에서 일어날 것인가, 언제 일어날 것인가 추세를 분석하고 예측하는 이론이다.

동하며 650억 원을 벌어들였고 월가에서 순수하게 이론 연구로
만 자수성가한 신화 속 인물이 됐다. 그가 바로 전설이 된 투자학
자 윌리엄 갠이다.

성공이라는 두 글자는 참으로 매혹적이다. 이 세상에 성공을 원
하지 않는 사람은 없다. 과거에는 성공을 향해 자신을 갈고닦으
며 꾸준히 노력하는 미덕을 중시했다. 하지만 현대에는 사회가 변
하고 이익만 생각하는 공리주의Utilitarianism•와 소비지상주의가 성
행하면서 사회 구석구석에 짙은 경박함이 깔리고 말았다. 경박함
에 영혼을 잠식당한 사람들은 저 멀리 놓인 성공을 위해 쏟아낼
끈기와 의지가 없다. 그들에게 성공이란 한시도 지체하지 않고
당장 쥐어짜야 하는 편집증 대상이 되고 말았다. 동시에 타인의
성공은 불안과 낙담을 일으키는 원인이 됐다. 성공에 매혹돼 애
타게 갈망하는 현대인들은 모두 성공불안증이라는 불치병에 시
달린다.
성공불안증 출현은 성공의 기준이 이익만을 따라간다는 뜻이
다. 이제는 노력 없이, 혹은 아주 적은 노력만으로 사회가 인정할
만한 성공을 이룰 수 있다. 세상이 이렇게 바뀌자 사람들은 빠른
속도의 중요성을 깨달았다. 더는 자신을 갈고닦고 충분히 연구하
며 뼈를 깎듯 노력할 시간이 없다. 그러면서도 바라는 보상은 점

● 어떤 행위의 윤리적 판단 기준을 '인간의 이익과 행복을 늘리는 데 얼마나 기여하는가'에 두고 효용과
  행복 증진 가능성을 중시하는 사상이다.

점 더 커진다.

이제 사람들은 지식과 실력을 차곡차곡 쌓는 기쁨을 누리려 애쓰지 않고, 인내심을 발휘해 차근차근 성공을 빚어내려 하지 않는다. 그들이 원하는 건 하루아침에 꿈이 이뤄져 세상에 이름을 날리고 누구보다 높은 자리에 서는 것뿐이다. 예전처럼 평온한 태도로 중심을 지키며 한 걸음씩 내딛는 사람들은 바보로 취급받는다.

성공불안증은 성공에 아무 도움이 되지 않는다. 이는 오히려 성공에서 더욱 멀어져 도저히 닿을 수 없게 만든다. 어떻게 해야 성공불안증에서 벗어날 수 있을까?

첫째, 성공의 기준을 바꾸자. 너무 성급하게 성공을 뒤쫓고 이익에 집착하는 자신을 발견했다면 성공불안증에 걸렸음을 인정해야 한다. 그런 후 모든 일을 잠시 멈추고 성공을 생각하는 기준을 점검해야 한다.

성공은 삶의 가치를 실현하는 과정이다. 삶의 가치는 개인뿐만 아니라 타인과 사회를 위해 어떤 물질적, 정신적 부를 쌓을 줄 아는가에 달렸다. 현대사회에서 성공한 사람은 높은 지위와 명예, 더 많은 부와 권력을 차지한다. 하지만 이는 성공에 따르는 부속품일 뿐 성공 그 자체가 아니다. 명예, 돈, 지위에 집착하는 사람일수록 성공하기 어려운 법이다. 시합이나 내기에서 승부에 집착하는 쪽이 오히려 패배하는 경우가 많은 것처럼 말이다.

둘째, 인내하자. 살면서 만나는 모든 일에는 기다림이 필요하다. 인내는 물론 어려운 일이지만 성공으로 나아가려면 반드시 갖춰야 할 덕목이다. 성공은 순풍에 올라탄 돛단배처럼 쉽게 이뤄지는 일이 아니다. 성공으로 가는 길에는 언제나 우여곡절과 걸림돌이 등장한다. 이때 인내하는 사람만이 이 길을 끝까지 걸어가 성공을 거머쥘 수 있다.

평소에는 담담한 마음으로 열심히 배우고 노력해야 한다. 그러다 난관을 만나면 냉정하고 넓은 마음으로 커다란 목표를 점검하고 다시 작은 목표 여러 개로 분산하자. 이 작은 목표를 하나씩 이룰 때마다 성공의 기쁨을 맛보고 더욱 크게 성공할 수 있다는 자신감이 커진다.

셋째, 자기 위치를 재정립하자. 어떤 사람들은 스스로 너무 대단하다고 생각한 나머지 자기가 세상의 중심인 양 행동한다. 이렇게 실제 능력과 동떨어진 생각으로는 어디에서도 환영받지 못하고 성공도 멀기만 하다. 그러므로 성공하고 싶다면 자기 능력을 좀 더 객관적으로 평가하고 그 결과에 따라 자기에게 가장 잘 맞는 위치를 찾아야 한다. 그래야만 가장 적합한 성공의 길을 찾아 떠날 수 있다.

넷째, 행복한 삶을 누리자. 성공을 추구하는 건 물론 응원해야 할 일이지만 성공이 삶의 전부라고 할 수는 없다. 스스로 채운 성공의 족쇄를 풀고 사랑과 건강을 충전할 시간을 가져야 한다. 일정을 짤 때 가족, 친구, 연인 그리고 운동과 오락을 잊지 말자. 적당한 운동과 오락, 건강한 육체노동은 불안과 초조를 없애고 심리적 피로를 줄이는 데 효과적이다.

쓸데없는 걱정
99%

탈 벤 샤하르는 하버드 행복학 특강에서 이렇게 말했다. "왜 고통스러운 과거 때문에 현재의 감정을 무너뜨립니까? 왜 확실하지도 않은 미래를 걱정하면서 오늘 주어진 하루를 망치나요? 과거는 지나간 일이고 미래도 때가 되면 알아서 옵니다." 이 말은 하버드가 인생을 대하는 태도와 일맥상통한다. 오직 현재에 집중할 뿐 과거를 후회하거나 미래를 걱정할 필요 없다.

뉴욕에서 성공한 상인 슈벨은 행복한 삶을 살고 있다. 하지만 불과 10여 년 전만 해도 그는 걱정이 너무 많아 불면증에 시달렸다. 늘 긴장한 상태였고 무엇 하나라도 마음에 들지 않으면 있는 대로 성질을 부리곤 했다. 급기야 슈벨은 자신이 아무래도 정신분열증에 걸린 것 같다고 생각했다.

슈벨은 무엇을 걱정했을까? 그는 과일가공기업 이사였다. 회사는 그의 건의를 받아들여 6억 5,000만 원을 투자해 새로운 과일 포장 방식을 도입했는데 고객 반응이 신통치 않았다. 판매량이 줄자 당연히 수익도 나지 않았고 공장은 가동을 멈췄다.

슈벨은 죽어가는 회사를 살리기 위해 급히 본사로 달려가 회장을 만났다. 그리고 새로운 포장 방식이 낯설어서 생긴 일시적인 현상이니 곧 판매량을 회복하고 판로도 확장할 수 있다며 간곡하게 지원을 요청했다. 며칠 후 회장은 슈벨의 의견에 동의하며 자금을 더 지원하겠다고 약속했다. 다행히 직원들의 노력도 조금씩 효과를 보였다. 새로운 포장 방식으로 샌프란시스코에서 판매량이 꾸준히 오르고 있다는 보고가 들어온 것이다.

이제야 조금 숨통을 틔웠지만 새로운 걱정이 시작됐다. 과일 신선도가 떨어지면 어쩌지? 시장이 계속 불경기면 어쩌지? 경제정책이 바뀌면 어쩌지? 모두 생기지 않은 일이었지만 그는 도무지 걱정을 멈출 수 없었고 무슨 일이든 안 좋은 쪽으로만 상상했다. 이처럼 과도한 걱정 속에서 삶은 무너지기 일보 직전이었다.

절망의 한복판에서 슈벨은 살기 위해 생활방식을 바꿨다. 그는 일과를 최대한 바쁘게, 그러니까 모든 힘과 시간을 일 처리에만 써야 할 정도로 바쁘게 만들었다. 일어나지도 않은 일에 쓸데없이 걱정할 시간을 없애기 위해서였다. 그렇게 석 달이 지나가자 슈벨은 지나치게 걱정하는 습관을 고치고 마침내 정상적인 생활로 돌아갔다.

하버드 심리학과는 걱정을 계량화해 관련 통계와 구체적인 분석 결과를 내놨다. 결론부터 말하자면 사람들의 걱정 중 99퍼센트 이상은 현재 상황에서 필요치 않다. 40퍼센트는 미래에 대한 걱정, 30퍼센트는 과거에 대한 걱정이다. 22퍼센트는 생활 중 부족한 부분에 대한 걱정이고 4퍼센트는 바꿀 수 없는 일에 대한 걱정, 나머지 3퍼센트는 지금 하는 일에 대한 걱정이다. 그러니까 걱정 대부분은 애초부터 스스로 해결할 수 없다는 말이다.

걱정 탓에 생기는 곤혹스러운 상황을 피하려면 오직 현재에 집중하면서 해결할 수 있는 일을 처리해야 한다. 지나간 어제나 오지 않은 내일이 머릿속을 차지하지 않도록 하자. 다음은 걱정으로 가득한 마음에 도움이 될 지침이다.

첫째, 걱정을 멈추고 적극적으로 행동하자. 목표를 달성하지 못할까 걱정된다면 그럴 시간에 뭐라도 하는 편이 낫다. 목표를 향한 어떤 행동이든 걱정을 줄이는 데 큰 효과가 있다. 목표나 계획을 두고 생각이 너무 많으면 좋지 않다. 생길지도 모르는 이런저런 걸림돌에 너무 집중하면 시작해보지도 못하고 걱정과 스트레스에 압도당한다. 물론 계획을 잘 세워야 하지만 그 계획이 걱정거리가 됐다면 당장 행동 단계로 들어가야 한다.

둘째, 더 명확하게 결정하자. 머릿속이 걱정으로 가득하면 시야가 뿌옇게 변하고 생각이 모호해진다. 그러니 걱정을 멈추고 싶다면 재빨리 명확한 결정을 내려야 한다. 설령 그 결정이 틀렸더라도 아무것도 하지 않거나 걱정 속에 머무르는 것보다는 훨씬 낫다. 결정을 내리는 것만으로도 스트레스가 사라지기 때문이다. 지금 당장 결정을 내리거나 그에 필요한 정보 수집을 시작하자. 나중에 문제가 나타나면 또다시 새로운 결정을 내리면 된다.

셋째, 생각을 처리할 계획을 세우자. 혹시 너무 많은 일을 생각하고 있지는 않은가? 그렇다면 그 생각을 하나씩 나열해 걱정을 조금씩 줄여보자. 만약 너무 걱정되는 일이 있다면 전전긍긍하지만 말고 처리할 방법과 행동 시간을 정해야 한다. 제일 좋은 방법은 종이 한 장을 펼쳐 놓고 걱정하는 내용을 쓴 후 처리 방법을 몇 단계로 세분화해 각 단계마다 구체적인 방안과 시간을 정리하는 일이다. 실제로 행동에 들어가기 전에 이런 단계만 거쳐도 걱정이 크게 줄어든다. 만약 어떤 시점이 찾아오기 전에는 절대 해결할 수 없는 일이라면 불필요한 걱정으로 분류하고 신경 쓰지 않다가 그 시점에 가서 생각하면 된다.

넷째, 빠르게 처리하자. 문제가 저절로 해결되기를 바라는 태도는 문제 자체보다 더 많은 걱정과 부담을 안겨주기도 한다. 실제로 걱정 중 대부분이 지나친 기대에서 시작된다. 머릿속으로 생각할 시간에 적극적으로 문제를 해결하자. 그러면 걱정도 자연스레 사라질 것이다.

후회할 시간에
더욱 성장하라

어떤 사람들은 뭔가 잘못하면 이미 벌어진 일이라 어쩔 수 없는데도 과도하게 자책하고 불안에 떨다가 자기 자신을 고통 속에 몰아넣는다. 그리고 바로 이때 '후회'라는 감정이 생겨난다. 후회에서 즉시 빠져나오지 못하면 고통 속에서 감정의 악순환이 일어나고 만다. 후회가 불러오는 고통은 잘못이나 실수 자체가 일으키는 고통보다 훨씬 심각하다.

40세 토머스 칼라일은 가난에 허덕이면서도 7년에 걸쳐 심혈을 기울인 첫 번째 책을 완성했다. 그는 즉시 친구에게 찾아가 원고를 건네고 첫 독자가 돼달라고 부탁했다. 그 친구는 이미 큰 명성을 얻은 경제학자 겸 철학자 존 스튜어트 밀이었다.

밀 역시 크게 기뻐하며 하던 일을 모두 미루고 서재에 앉아 집중해서 원고를 읽었다. 너무나도 훌륭한 글이었다. 읽으면 읽을수록 매혹적이어서 출판하기만 하면 대단한 책이 될 게 분명했다. 마지막 한 장까지 모두 읽은 그는 원고를 내려놓고 감동과 흥분에 휩싸여 뒷마당에 나가 서성이며 생각에 잠겼다. '이 위대한 글이 최대한 빨리 많은 사람에게 관심받아야 할 텐데, 내가 어떻게 토머스를 도울 수 있을까?'

바로 그때 서재에서는 악몽 같은 일이 벌어졌다. 밀이 밖으로 나간 후 바람이 부는 바람에 책상에 둔 원고가 바닥에 흩어졌다. 마침 간식거리를 가져온 가정부가 이 모습을 보고 밀이 버린 게 분명한 종이들을 주워 활활 타오르는 벽난로에 던져넣었다.

원고가 불타버린 사실을 뒤늦게 알아차린 밀은 큰 충격을 받았다. 엄청난 고통과 죄책감을 안고 칼라일의 집에 찾아간 그는 눈물을 흘리며 이 불행을 알렸다. 칼라일은 너무 놀라서 정신이 나간 듯 멍한 표정으로 밀을 바라보기만 했다. 두 사람은 한참이나 아무 말도 하지 못했다.

나중에 칼라일은 당시 상황을 이렇게 설명했다. "저는 그날 일을 정확히 기억합니다. 밀은 귀신처럼 창백한 얼굴을 하고는 당황하고 두려워서 제대로 서지도 못했습니다. 그가 너무 고통스러워하기에 오히려 제가 그를 위로해야 한다고 생각했습니다."

마침내 칼라일이 입을 뗐다. 간신히 정신을 차린 그는 미안함과 죄책감으로 어찌할 바 모르는 친구에게 말했다. "괜찮아. 그렇게 괴로워할 것 없네. 다시 쓰면 되니까. 벌써 그렇게 정했네."

하지만 다시 쓰는 게 그리 쉽겠는가? 작가가 이미 완성한 원고를 기억에 의존해 다시 쓴다는 건 새로 쓰는 것보다 훨씬 힘들고 어려운 일이다. 그러나 칼라일은 분노와 스트레스를 잠재우고 남다른 의지력을 발휘해 수개월 후 다시 한 번 원고를 완성했다.

이 소식을 들은 밀은 칼라일 본인보다 더 기뻐하며 눈물을 흘렸다. "자네가 얼마나 힘들었을지 나는 감히 상상할 수도 없네. 대체 어떻게 해냈나?"

칼라일이 대답했다. "이미 벌어진 사실을 어찌할 수는 없지. 하지만 그 사실이 우리 삶에 미치는 영향은 바꿀 수 있다네."

후회할 시간에 잘못을 바로잡는 편이 훨씬 현명하다. 하버드 경영대학원은 미국 최고의 인재를 길러내는 곳이다. 이곳 교수들은 학생들의 결정능력을 최대한 끌어올리기 위해 강도 높은 훈련 프로그램을 개발했고, 학생들은 다양한 프로그램을 거치며 여러 선택지 중에서도 가장 좋은 길을 골라내는 능력을 연마한다. 교수들은 학생이 잘못 선택해도 다그치지 않으며 그들이 실패에서 빠져나와 더 나은 길을 선택하도록 이끈다. 손 놓고 후회하기보다 문제를 해결하는 편이 훨씬 낫다고 여기기 때문이다. 다음은 후회에 현명하게 대처하는 방법이다.

첫째, 문제의 근원을 살피자. 잘못이나 실수가 생기면 마음을 최대한 차분하게 가라앉히고 원인을 찾아 비슷한 일이 또 생기지 않도록 막아야 한다. 후회하면서도 같은 실수를 되풀이하는 사람이 있다. 후회가 얕은 감정에 머물 뿐 깊은 인식에 미치지 못해 이후 행동에 좋은 영향을 주지 못하기 때문이다. 그러므로 후회라는 감정이 생기면 깊은 생각으로 구체적인 원인을 분석해야 한다. 만약 그 원인이 자기 성격이나 기질에서 왔다면 꾸준한 개선 작업이 필요하다.

둘째, 자기 자신을 용서하자. 이미 일어난 일을 아무리 후회해봤자 바뀌는 건 없다. 극심한 후회가 들면 자신을 용서하고 다른 방법을 선택해도 마찬가지였을 거라고 말해주자. 이런 사고방식은 후회하는 감정을 약화하는 데 도움이 된다.

그러나 자신을 용서하되 후회한 경험만큼은 반드시 복기해야 한다. 건망증은 같은 잘못을 되풀이하게 만드는 근본 원인이다. 과거에 저지른 실수나 잘못에 괴로워할 필요는 없지만 실수를 잊지 말고 다시는 그런 일이 없도록 해야 한다.

셋째, 개선할 여지를 살피자. 잘못 선택했다면 바로잡을 수 있는지부터 살펴야 한다. 만약 바로잡을 수 있다면 적극적으로 조치해서 피해나 손실을 최대한 줄이자. 하지만 이미 정해진 일이라 도저히 어찌할 여지가 없다면 담담히 잘못을 인정하고 다음에는 같은 일을 되풀이하지 않도록 주의해야 한다.

넷째, 타인에게 도움을 구하자. 후회가 너무 오랫동안 이어지면 좋을 리 없다. 혼자서 빠져나올 수 없다면 타인에게 도움을 구하고 최대한 빨리 고통의 그림자에서 벗어나야 한다.

Finish

종강

내 마음의 진정한 주인으로 거듭나라

Harvard
Message

하버드 심리학과 연구에 따르면 성취, 명예, 부, 건강을 만드는 요소 중 80퍼센트 이상이 감정과 연관되며 지식이나 실력의 연관성은 15퍼센트에 불과하다고 한다. 이는 감정조절능력이 감정뿐만 아니라 그 사람의 성공 여부, 심신 건강 및 인간관계에도 커다란 영향을 미친다는 뜻이다. 어떻게 해야 감정을 잘 조절할 수 있는지 아는가? 어떤 감정이 삶의 아름다움을 맛보게 해줄지 아는가? 이 장에서 당신은 감정을 조절하는 비법을 배우게 될 것이다.

정말로 완벽한
삶을 꿈꾸는가

　하버드에는 더 발전하고 싶다는 사람, 더 똑똑해지고 싶다는 사람은 있어도 완벽해지고 싶다는 사람은 없다. 이성과 지혜로 가득한 이 학교 모든 교수와 학생은 완벽이란 없는 현실을 잘 안다. 그들은 모두 이 사실을 담담하게 받아들이며 유한한 삶 속에서 무한한 행복을 추구하고자 매일 있는 힘을 다해 노력한다.

　자넷 리는 세계 당구계 스타다. 여러 차례 세계 1위를 차지하며 당구계를 평정했지만 그녀의 삶은 절대 녹록지 않았다.

　자넷은 4살 무렵 암에 걸렸고 11살이 되자 다리에 종양이 생겼다. 12살에는 척추 근육이 수축하기 시작해 걷지도, 서지도, 몸을 구부리지도 못하고 종일 침대에 누워만 있었다.

　13살이 되자 의사들은 자넷의 등에 금속 지지대를 설치하고 십자가처럼 만든 철봉에 기대 중심을 잡고 일어서게 했다. 그 후에도 자넷은 이두근건염, 목디스크 등으로 여러 차례 수술받았고 그때마다 생사의 기로에 섰다.

그러나 자넷은 어둠 속에서 빛줄기를 찾는 사람이었다. 18살이된 그녀는 자기 인생을 바꾼 당구를 처음 만났다. 이 강한 소녀는 당구에 매료됐고 매일 10시간 넘게 연습했다. 큐를 잡는 손을 완벽하게 만들고자 매일 밤 자기 전에 원하는 손 모양을 만들고 고무줄을 감아 고정했다. 아침에 일어나 씻을 때도 풀지 않고 그대로 뒀다. 엄청난 훈련량은 그녀의 운명을 완전히 바꿔났다. 3년 후자넷은 여자프로당구협회에 가입했고 그해 10위 안에 들어가는 좋은 성적을 거뒀다. 이후에도 그녀는 꾸준히 시합해 트로피를 들었고 마침내 세계 최고 자리에 올랐다.

등에 금속 지지대를 달아야 똑바로 서서 걸을 수 있고 당구선수로서 훈련받은 적도 없는 사람이 겨우 5년 만에 쟁쟁한 선수들을 제치고 당구계를 평정했다. 놀라운 기적이었다.

대중의 엄청난 지지와 주목을 받은 그녀는 성공을 두고 이렇게 말했다. "완벽한 사람은 없습니다. 불완전한 제 모습을 본 후 짊어지고 있던 보이지 않는 십자가를 내던졌죠. 그리고 누구보다 열심히 노력했더니 진짜 십자가까지 떼어낼 수 있었어요."

삶은 원래 단순하지만 우리가 완벽해지려고 하는 순간 복잡해진다. 인생은 원래 결함이 있는 채로 흘러가는 것이다. 그 사실을 인정하지 않고 보는 길 완벽하게 갖추겠다며 자신을 채찍질한다면 스스로 끝없는 고통 속에 빠지는 꼴이다. 완벽해지려는 집착만 버린다면 삶의 또 다른 아름다움을 만끽할 수 있다. 다음 방법으로 완벽을 꿈꾸는 채찍질을 멈추자.

첫째, 무의미한 달리기를 멈추자. 사실 삶에는 고난과 불행이 생각만큼 많지 않다. 작가는 세상을 깜짝 놀라게 할 작품을 쓰지 못해 괴로워하지만 정작 자신이 무엇을 위해 글을 쓰는지 한 번도 생각하지 않는다. 그들이 괴로운 이유는 자신이 아니라 타인을 위해 글을 쓰기 때문이다. 무슨 일이든 자신을 위해서 해야지, 타인이 부러워하게 만들려고 해서는 안 된다. 자신이 아니라 타인을 위해 완벽해지려는 사람은 얼마 못 가서 지쳐 쓰러진다. 큰 스트레스를 받으면서 열심히 노력하는데도 뜻대로 되는 일이 없다면 한 번 생각해보자. 혹시 무의미한 뭔가를 좇아 달려가느라 원래 목표에서 멀어지지는 않았는가?

둘째, 자기 자신에 대한 요구사항을 낮추자. 우리는 늘 자신에게 너무 까다롭다. 항상 미소 짓는 사람, 어디서나 환영받는 사람, 꿈에서나 볼 법한 이상적인 사람이 돼야 비로소 의미가 있다고 자신을 압박한다. 사람들은 완벽할수록 목표에 더 다가갈 수 있다고 생각하지만 사실은 그렇지 않다. 오히려 자신을 향한 요구사항을 조금 낮추고 성실하게 살면서 자신감을 키우면 지금 느끼는 스트레스가 사라질 것이다. 그리고 이렇게 해야만 목표를 향해 가는 발걸음이 가벼워져 더 빠르게 도착할 수 있다.

셋째, 장점을 살리자. 사람들은 늘 본인의 단점과 타인의 장점을 비교하면서 자신감을 잃어버린다. 하지만 누구에게나 장단점이 있는 법이니 단점에만 집중해 풀죽을 필요는 없다. 그보다는 장점을 떠올리며 자기만족도를 높이고 자신감도 키우자. 또 잘하는 일임에도 아직 부족하다고 여기거나 사소한 문제를 찾아내려고 애쓰지 말자. 이는 겸손이 아니라 자학이다. 자신감을 잃으면 진정한 자기 실력을 내보여야 할 때 오히려 뒷걸음질치며 앞으로 나아가지 못한다. 이런 사람은 성공할 기회를 제 손으로 날려버린다.

넷째, 규칙적으로 생활하자. 규칙적인 리듬으로 균형 잡힌 삶을 살면서 다양한 분야에 흥미까지 느낀다면 그보다 더 좋은 일이 있을까? 한 가지 일에 죽기 살기로 매달리거나 무조건 완벽해지려고 애쓰지 말자. 시야를 좀 더 멀리 두면 삶의 다양한 면이 눈에 들어올 것이다.

다섯째, 평상심을 유지하자. 누구도 완벽할 수 없음을 인정한 뒤 차분하고 즐거운 마음으로 목표를 향해 나아가자. 그러면 완벽해야 한다는 불안에서 멀어질 수 있다.

돈에 끌려다니며
삶을 낭비하지 마라

　물질만능주의가 지배하는 시대에 살면서 돈을 부정하거나 부가 곧 악이라고 보는 태도는 어불성설이다. 하지만 돈이 행복한 삶을 위협하는 존재로 전락하면 고통 속에 살게 된다. 돈에 대한 관념을 확립하고 돈에 끌려다니지 말자. 생각을 물질에서 독립시켜야 진정으로 성공할 수 있다.

　2010년 12월 15일, 미국 시사주간지 〈타임〉은 페이스북 설립자이자 CEO인 마크 저커버그를 '올해의 인물'로 선정했다. 저커버그는 인류가 이제껏 경험하지 못한 방식으로 전 세계 약 5억 명을 연결했고 평등한 소통과 사교를 실현했다. 〈타임〉이 그를 올해의 인물로 선정한 이유다.

　저커버그는 개인 페이스북 정보란에 관심 가는 주제를 올리고는 하는데, 그중 눈에 띄는 주제가 하나 있었다. 바로 '욕망 없애기'다. 그는 한 인터뷰에서 이렇게 설명했다. "그때는 당장 하는 일에만 집중하기를 바랐거든요. 지금도 그렇게 하려고 합니다. 사실 저는 여기저기 한눈을 팔기도 하고 눈앞에 놓인 물질에 쉽게 현혹되는 사람이에요. 그런데 이런 것들 대부분 큰 의미가 없더라고요." 이것이 젊은 나이로 억만장자 대열에 합류한 저커버그의 생각이다. 사람들 대부분은 자기 욕망을 극대화하고 왕성한 힘을 발산하기를 바란다. 하지만 그는 거꾸로 탐욕적인 면을 부끄러운 듯 고백하며 그런 욕망을 제어하고 싶다고 했다. 재밌는 사실은 제2의 빌 게이츠라고 불리는 그가 하버드에서 심리와 컴퓨터를 전공했으며 입학하자마자 학업보다는 사업에 매진했다는 점이다. 하지만 그에게 사업이란 부를 쌓는 수단이 아니었다.

실제로 저커버그는 돈 문제에 아주 무심하다고 알려졌다. 그는 〈포브스〉가 발표하는 세계 부자 순위에서 늘 앞자리를 차지한다. 하지만 자산가치가 8조 7,000억 원에 달하는 부자라고는 상상할 수 없을 정도로 소박하게 산다. 자기 소유가 아니라 빌린 집에서 살며, 쉬지 않고 일하느라 돈 쓸 시간도 별로 없다. 취미라고는 중국어 공부뿐이다.

2010년 추수감사절, 그런 저커버그가 마침내 사치스러운 일을 했다. 이날 그는 온 가족을 데리고 올랜도에 있는 해리포터 테마파크에서 종일 놀았다. 그리고 갖고 싶었던 마법 지팡이를 하나 샀다. 그에게는 너무나 호사스러운 일이었다.

돈은 삶이 최종 가치가 될 수 없다. 투자회사 버크셔 해서웨이 회장이자 세계 최고 투자자인 워런 버핏은 이렇게 말했다. "당신이 1억 원을 갖고 있는데도 행복하지 않다면 10억 원을 줘도 마찬가지일 겁니다. 그리고 또 20억 원 가진 사람을 부러워하겠죠." 이것이 사람들이 일반적으로 돈을 대하는 태도다. 하지만 돈이 있더라도 너무 매몰되지 말아야 한다. 그래야 타인의 부를 마주해도 고통스럽게 느껴지지 않는다. 돈의 압박에서 벗어나고 싶다면 다음을 기억하자.

첫째, 부적절한 비교를 멈추자. 많은 사람이 부적절한 비교 탓에 스트레스에 시달린다. 예를 들어 당신이 최근에 별장을 한 채 샀다고 하자. 이것만으로도 충분히 기쁘고 신나는 일이다. 하지만 이보다 더 좋은 별장을 산 사람을 본 후에는 이상하게도 기쁨이 반감된다. 이것이 바로 부적절한 비교고 일종의 허영심이다. 이런 심리가 강할수록 스트레스가 커질 수밖에 없다.

둘째, 돈에 대한 생각을 바로 세우자. 모든 일에는 정도가 있고 돈 버는 일도 그렇다. 재물은 인생의 최종 목표가 아니다. 오직 돈만 보고 달려가서는 안 된다. 돈은 행복이 아니고 돈이 많다고 걱정이 사라지는 것도 아니다. 이를 깨우쳐야 돈이 많다고 우쭐하지도, 돈이 없다고 속상해하지도 않을 수 있다.

셋째, 잘못된 집착을 멈추자. 사람들은 종종 잘못된 가치에 집착하며 자기 스스로 고통스럽게 만든다. 현대인의 스트레스 중 상당

부분은 잘못된 가치를 추구하기 때문이다. 비싼 차를 모는 사람을 보고 질투하거나 해외로 유학 간 사람을 보고 부러워하는 식이다. 이런 사람들은 본인이 가진 건 무시하고 타인이 가진 것만 바라보기 때문에 즐겁지 않고 언제나 불만이 가득하다. 자기 능력 안에서 기쁨을 가져다주는 가치를 바라봐야 행복한 삶을 누릴 수 있다.

넷째, 내면의 부를 쌓자. 물질세계의 결핍이 정신세계의 결핍으로 이어지지는 않는다. 돈이 없다고 그의 존재 가치가 사라지지도 않는다. 내면의 불안과 결핍이야말로 진짜 가난이라 할 수 있다. 돈이야 벌면 되지만 내면의 결핍은 쉽게 해결되지 않는다. 단순하고 소박한 삶에서 즐거움을 찾는 사람만이 진정한 행복을 느낄 수 있다. 돈은 삶의 목적이 아니라 도구에 불과하다. 노벨상을 만든 알프레드 노벨은 이렇게 경고했다. "돈이란 생활을 해결하면 그만일 뿐, 너무 많아지면 재능을 갉아먹을 수 있다."

내 기분은
내가 정한다

심리적 암시는 일상에서 흔히 일어나는 현상이다. 매일 다양한 심리적 암시가 긍정적 혹은 부정적으로 작용한다. 긍정적 암시는 우리가 삶에서 행복을 발견하고 더 힘차게 전진할 용기를 준다. 반면에 부정적 암시는 자신과 현실에 실망해 우울하고 슬픈 감정에 휩싸이게 만든다. 그러므로 긍정적 암시는 최대한 늘리고 부정적 암시는 피할 줄 알아야 한다.

하버드 심리학 강의실, 교수가 특별히 방문한 손님을 소개했다. "여기 계신 필립 박사님은 세계적으로 유명한 화학자입니다. 오늘은 한 가지 실험을 해보려고 오셨어요."

필립 박사는 가방에서 뭔지 모를 액체가 가득한 유리병 하나를 꺼내 보여주며 이렇게 말했다. "이건 제가 연구하는 물질입니다.

휘발성이 아주 강하죠. 마개를 열자마자 공기 중으로 날아갈 겁니다. 물론 인체에 무해하지만 냄새는 있어요. 지금 마개를 열겠습니다. 냄새를 맡은 학생은 손을 들어주세요."

설명을 마친 필립 박사는 마개를 열고 시계를 보며 시간을 쟀다. 잠시 후 모든 학생이 손을 들었다.

이때 교수가 학생들에게 알렸다. "다들 협조해줘서 고마워요. 자, 여러분. 이제 실험은 끝났습니다. 안타깝지만 꼭 해야 할 말이 있습니다. 사실 여기 계신 필립 박사님은 유명한 화학자가 아니라 다른 학과 강사님입니다. 그리고 병에 든 액체는 그저 평범한 증류수입니다."

학생들은 어리둥절해서 멍하니 있었다. '아까 분명히 무슨 냄새를 맡았는데……, 어떻게 된 거지?'

교수는 이렇게 설명했다. "여러분이 이 강의에서 배워야 할 내용이 바로 이거예요. 우리는 주변 사람들에게 끊임없이 암시받고 그들이 하는 말을 믿죠. 세계적으로 유명한 화학자 필립 박사는 여러분에게 병 속 액체가 화학물질이라고 암시했고, 여러분은 그 말을 그대로 믿었습니다. 심지어 그 냄새까지 맡았죠."

일상에서 서로 다른 정도로 작용하는 심리적 암시는 양날의 검처럼 다가와 삶의 긍정적인 면을 보게도 하고, 나쁜 감정에 빠지게도 한다. 타인과 심리적 암시를 주고받을 수도 있지만 스스로 잠재의식을 깨우는 자기암시 효과가 가장 크다. 그러므로 긍정적 자기암시로 자신감을 얻어 더욱 성장하고 발전할 힘을 얻어야 한다. 다음은 그 방법이다.

첫째, 자기 자신과 대화하자. 자기암시를 훈련하는 가장 좋은 방법은 바로 소리 내 자신과 대화하면서 깊은 내면의 잠재의식을 깨우는 길이다. 거울 속 자기 눈을 바라보며 원하는 일을 이야기해보자. "너는 곧 아주 중요한 일을 맡게 될 거야. 나는 네 능력을 믿어. 노력을 멈추지 않는다면 분명히 성공할 수 있어."

둘째, 감정을 말로 표현하자. 심리학에서 말하는 '내성법'이란 내면 깊은 곳을 스스로 관찰하고 그 내용을 말로 표현하는 방법이다. 만약 자신감이 부족하다면 가족이나 친구들과 더 많이 교류하면서 자신의 심리상태를 이야기해보자. 관찰만 하고 말로 표현하지 않으면 의미가 없다. 반드시 자기 목소리로 정확하고 담담하게 진술해야 한다. 이 방법으로 스트레스를 줄이고 타인의 위로와 격려, 지지를 얻을 수 있다.

셋째, 긍정적으로 자기암시하자. "어제 일을 절반도 못 끝냈어.", "이런 문제를 제대로 처리해본 적이 없어." 굳이 자신에게 이런 말을 할 필요가 있을까? 걱정이 많을수록 문제도 많아지는 법이다. 현명한 사람은 실패한 경험을 곱씹지 않는다. 그들은 어떤 상황이든 긍정적 자기암시로 바꾸는 능력을 지녔다. 예를 들어 위 문장을 이렇게 바꿔서 긍정적으로 자기암시한다. "어제 일을 절반이나 해냈어.", "이런 문제를 몇 번 만난 적 있지." 부정적 결과나 경험을 강조하기보다 긍정적 자기암시가 훨씬 효과적이다.

넷째, 부정적인 꼬리표를 떼자. 스스로 실력도 없고 경험도 부족하다고 생각하지 말자. 자기 손으로 부정적인 꼬리표를 다는 일처럼 바보 같은 짓이 어디 있는가? 어떤 상황에도 끊임없이 자기 자신을 응원하고 격려해서 자신감을 불어넣어야 한다. 살면서 당신을 무너뜨리는 사람은 타인이 아니라 본인이다. 바꿔 말하면 당신을 일으켜 세우고 성공시키는 사람 역시 자기 자신이다.

다섯째, 좋은 행동습관을 만들자. 긍정적 자기암시는 잠재의식과 소통하는 과정이며, 아주 단순한 습관으로도 충분하다. 예를 들어 길을 걸을 때 가슴을 쭉 펴고 고개를 들면 더 힘이 나는 느낌이 든다. 외출할 때 거울을 보고 옷매무새를 깔끔하게 정리하면 스스로 좋은 평가를 내리고 자연스럽게 미소 지을 수 있다. 또 평소에 일이나 공부하는 공간을 깨끗하게 정리하는 습관을 들이면 더 침착하고 조리 있게 말하고 행동할 수 있다. 생활 곳곳에서 부족함이 눈에 띄는 부분을 조심하자. 별것 아닌 부분처럼 보여도 부지불식간에 심리상태를 바꿀 수 있으니 주의해야 한다.

승리를 부르는
열정을 품어라

　미국의 자기계발 전문가 데일 카네기는 열정을 이렇게 설명했다. "믿으면 젊어지고 의심하면 늙습니다. 자신만만하면 젊어지고 두려워하면 늙습니다. 희망하면 젊어지고 절망하면 늙습니다. 무정한 세월은 주름을 만들지만 그와 관계없이 열정을 잃으면 영혼에 상처를 입습니다." 하버드를 졸업하고 사상가 겸 작가로 이름을 날린 오리슨 마든도 열정의 중요성을 강조했다. "무슨 일을 하든지 열정에 찬 태도를 갖춰야 한다. 열정이 있어야 전심전력을 다할 수 있고, 그래야 일이 잘 풀리기 때문이다." 열정은 하버드 학생들이 가장 숭배하는 감정이다. 그들은 앞으로 최고가 되고 싶다면 선대 개척자들이 꿈을 현실로 바꾼 열정을 본받아야 한다고 말한다.

1873년 창단한 보스턴 브레이브스는 실력이 변변찮은 야구팀이었다. 시합을 해도 관중이 별로 없어 응원 한 번 제대로 받지 못했고 그래서인지 성적도 그저 그랬다. 이 팀은 1953년에 연고지를 옮겨 밀워키 브레이브스가 됐다. 밀워키 시민은 새로운 야구팀을 크게 응원하며 환호를 보냈고 시합 때마다 관중석을 가득 채웠다. 팬들은 야구팀의 일거수일투족에 관심을 보이며 앞으로 실력이 점점 나아져 우승할 수 있으리라고 믿었다.

시민의 열정과 믿음은 선수들을 크게 고무했고 팀은 첫해부터 좋은 성적을 거뒀다. 밀워키 브레이브스는 놀랍게도 다음해 메이저리그에서 우승을 거머쥐었다. 선수가 바뀐 것도 아닌데 브레이브스는 전과 달리 최고의 경기력을 선보였다. 팬들이 보인 열정이 팀에 힘을 불어넣고 기적을 만든 것이다.

잔혹한 현실을 마주하면 몸과 마음이 피곤해지고 삶의 흥미도 사라진다. 이럴 때 어떻게 해야 다시 힘을 불어넣고 열정을 되찾을 수 있을까? 다음 방법이 도움이 될 것이다.

첫째, 긍정적으로 생각하자. 사람은 기분이 좋으면 자연스럽게 힘이 생긴다. 자기 감정을 조절할 수 있는 사람은 오직 자기 자신뿐이므로 좋은 감정이 최고조일 때 더 많이 격려해서 자신감을 불어넣어야 한다. 긍정적이고 낙천적인 마음가짐을 지닌 사람만이 넘치는 힘과 열정을 발휘한다.

둘째, 원대한 목표를 세우자. 늘 목표한 바에 도달하지 못하는 사람이 있다. 문제는 목표가 너무 작거나 모호한 나머지 나아갈 힘을 잃는 데 있다. 기존 목표가 더 이상 상상력을 자극할 수 없다면 좀 더 명확하고 현실적이며 원대한 목표를 확립하자. 그리고 이룰 수 있다고 굳게 믿자. 그래야만 활력을 얻고 목표에 다다를 수 있다.

셋째, 적당히 휴식하고 정돈하는 시간을 갖자. 늘 평탄한 길만 걸어가는 삶은 없다. 인생에는 오르막길도 내리막길도 있다. 게다가 사방에 걸림돌과 함정이 숨어 있다. 도중에 숨이 차서 걷기 힘들 정도로 상황이 나빠지면 지친 몸을 쉬게 하고 마음을 정돈할 시간을 가져야 한다. 그래야 혼란스럽고 일이 풀리지 않을 때도 열정을 지킬 수 있다.

넷째, 경쟁을 두려워하지 말자. 경쟁은 귀중한 경험이다. 지금 내 실력이 어떻든 세상에는 분명히 나보다 뛰어난 사람이 있다는 생각으로 살아야 한다. 태도가 겸손해야 자신을 깊게 인식하고 더욱 노력해서 타인보다 앞설 수 있다. 경쟁을 너무 부담스러워하지 말자. 정말 어렵고 중요한 일은 남이 아니라 자기 자신을 넘어서는 것이다. 좀 더 가볍고 즐거운 마음으로 경쟁해도 좋다.

웃는 이에게
행복이 온다

평생 낙관하며 사는 사람은 없다. 세계 최고 명문대학 하버드에도 행복학 특강처럼 긍정적인 인생 태도를 가르치는 강의가 필요한 이유다. 강의를 이끄는 탈 벤 샤하르 교수는 긍정적인 사람만이 행복할 수 있다고 학생들에게 늘 강조한다.

영국 버밍엄 출신 웰터급 권투선수, 어느덧 중년이 된 피터 버클리의 별명은 '최악의 권투선수'다. 그도 그럴 게 그의 경기기록은 무려 299전 256패였다. 이 놀라운 기록은 세계 권투 역사상 전무후무한 사건이자 피터가 유명해진 이유기도 하다.

프로 권투선수 경력 20년간 거의 패배만 거듭한 피터의 통통부은 얼굴에는 검푸른 멍이며 상처가 가득했다. 최근 5년 사이에는 한 번도 이기지 못해서 88연패라는 세계기록까지 수립했다.

그러나 그는 질내 포기하지 않고 매일 열심히 훈련했다. 계속해서 지다 보면 두려울 법도 한데 경기 요청이 들어오면 조금도 주저하지 않고 수락했다.

몇몇 국가에는 10번 연속으로 패배하면 선수 자격을 박탈하는 규정이 있다. 영국에는 다행히 그런 규정이 없었으나 보다 못한 영국 권투연맹은 피터에게 더 이상 경기에 임하지 말라고 권고했다. 하지만 피터는 완강히 거부하며 경기를 이어가겠다고 고집부렸다. 그를 KO시킬 수는 있어도 다시 일어서기를 막을 수는 없었다. 팬들도 포기를 모르는 백전백패의 선수를 응원했다.

피터에게는 프로 권투선수로서 300경기를 완수하겠다는 목표가 있었다. 그리고 마침내 버밍엄 애스턴 체육관에서 300번째이자 마지막 경기가 시작됐다. 경기 전 그는 기자들에게 이렇게 말했다. "저는 걸핏하면 말썽을 부려 동네 경찰들을 애먹이는 아이였습니다. 권투는 그런 제가 처음으로 열심히 한 운동이고 삶의 전부였죠." 그에게 승패는 더 이상 중요하지 않았을지도 모른다. 가장 중요한 건 온 마음을 다해 끝까지 싸우는 과정에서 나오는 즐거움이 아니었을까?

모든 사람이 피터를 위해 행운을 빌었다. 그는 최악의 권투선수라 불렸지만 전 세계 권투 팬들에게 존경받았다.

낙천적인 사람은 역경 속에서 빛을 찾고 비관적인 사람은 한숨으로 빛을 꺼뜨린다. 또 마음에 즐거움이 가득한 사람은 큰일에도 얽매이지 않지만 번민이 가득한 사람은 사소한 일에도 곤혹스러워한다. 오직 기쁨을 아는 사람만이 삶이 선사하는 희열을 맛볼 수 있다. 낙천적이고 긍정적인 태도로 살고 싶은가? 그렇다면 지금 당장 다음 방법을 시도하자.

첫째, 좋은 인간관계를 맺자. 좋은 인간관계 속에서 지내는 사람은 낙천적이고 긍정적인 삶의 태도를 보여준다. 그들은 관계 속에서 소통하고 공감하면서 다른 사람을 이해하고 신뢰하는 법을 배운다.

둘째, 다양한 활동을 시도하자. 동호회나 모임 활동으로 즐겁게 시간을 보내자. 이런 활동은 복잡한 마음을 잠시 잊는 데도 큰 도움이 된다. 또 취미나 관심사가 같은 사람들과 소통하면서 뜻이 맞는 친구를 사귈 기회도 많아진다. 이런 활동에 참가해 다양한 사람을 만나면 마음의 그릇을 키워 좀 더 넓은 마음으로 세상을 바라볼 수 있다.

셋째, 타인에게 관심을 갖자. 관심 어린 눈으로 타인을 따뜻하게 바라보고 적극적으로 돕다 보면 저절로 자신감이 생긴다. 이 자신감을 다시 타인에게 전달하면 선순환이 이뤄지며, 낙천적이고 긍정적인 마음가짐을 지킬 수 있다. 성격이 괴팍하고 남과 어울리기 싫어하는 사람들은 자기 자신을 가두고 소통을 거부하기 때문에 대부분 비관적이다. 이런 상태가 오래 이어지면 주변 사람이 모두 떠나가고 외톨이가 될 수밖에 없다. 반면에 늘 스스로 나서서 타인을 돕는 사람은 긍정과 존중을 얻으며 이로써 자신의 가치를 확인한다.

넷째, 관용하는 마음을 갖자. 살면서 사람들과 이런저런 일로 부딪히기를 피할 수는 없다. 그럴 때는 최대한 관용하는 마음을 품으며 큰일은 작게 만들고 작은 일은 신경 쓰지 않는 편이 낫다. 관용하는 태도로 타인을 대하면 사람들 대부분이 당신과 함께하기를 바랄 것이다. 하지만 예민한 태도로 타인의 조그만 실수조차 용납할 수 없다는 듯이 굴면 스스로 친 울타리에 갇혀 옴짝달싹 못 하게 된다.

다섯째, 변증법에 따르는 관점을 갖자. 삶은 한 가지 맛이 아니다. 한때는 달콤하다가 쓰디쓰게 변하기도 한다. 이처럼 다양한 맛이 뒤엉키기에 삶은 더 멋지고 의미가 있다. 삶이 항상 행복하거나 항상 고통스럽다고 보는 시선은 너무 단순하고 편협하다. 변증법에 따르면 모든 사물은 모순과 대립을 되풀이하며 발전한다. 삶도 마찬가지다. 행복이 왔다고 너무 흥분하거나 자만하지 말고, 불행이 오더라도 담담하게 받아들여야 한다.

여섯째, 심리 방어기제를 쌓자. 괴로운 일이 있을 때 즐거운 일을 생각하는 방법을 '감정전이'라고 한다. 한편 물질이 부족할 때 정신의 풍요를 선택하는 태도는 '보상심리'라 한다. 긍정하는 심리 기제를 이해하고 자기 단점과 남의 장점을 비교하지 말자. 그래야 삶의 아름다움을 만끽하며 행복하게 살 수 있다.

자기 자신을
다스려라

성공의 시작은 자제력이다. 욕구를 억누르지 못하고 유혹에 무너지는 사람은 성공하기 어렵다. 하버드 학생들과 이야기해보면 그들의 성공은 강한 자제력 덕분임을 금방 알 수 있다. 하버드 학생들은 지식과 능력이 출중하고 성취욕도 큰 인재다. 그들은 성공을 방해하는 요소를 주저 없이 버릴 줄 안다. 이처럼 뛰어난 자제력으로 남들보다 먼저 성공할 기회를 거머쥐는 것이다.

펜실베이니아의 작은 잡화점, 프랭클린은 이곳에서 한 사건을 목격하고 자제력의 중요성을 깨달았다.

잡화점 창구 앞에 고객들이 길게 줄을 섰다. 모두 장보는 중에 생긴 불쾌한 일에 항의하려고 온 사람들이었다. 그중 일부는 감정이 격해져 불같이 화내며 듣는 사람도 불쾌해지는 험한 말을 늘어났다. 하지만 창구에 앉은 젊은 직원은 조금도 동요하지 않고 침착하면서도 우아한 태도로 분노한 고객들을 응대했다.

그동안 뒤에 선 다른 직원은 작은 종이에 글을 써서 고객을 응대하는 직원에게 건넸다. 여기에는 고객들이 말한 불만사항만 일목요연하게 적었을 뿐, 그들이 내뱉는 분노에 찬 말은 하나도 없었다.

그런데 알고 보니 창구 뒤에서 미소 짓는 얼굴로 조용히 고객들을 응대하던 그 직원은 청각장애인이었다. 그래서 뒤에 선 다른 직원이 조수가 돼 쪽지를 쓰면서 상황을 설명한 것이다.

프랭클린은 이 상황에 큰 흥미를 느꼈다. 그래서 한쪽에 비켜서서 분노한 고객과 친절한 직원을 조용히 관찰했다. 그는 직원의 친절한 미소가 분노한 고객들에게 예상치 못한 영향을 미친다는 사실을 발견했다. 고객들은 창구 앞에 올 때는 울부짖는 늑대 같았지만, 떠날 때는 온순한 양이 됐다! 몇몇 고객은 직원 앞에서 겸연쩍고 창피해하는 표정을 드러냈다. 아마도 이 직원의 놀라운 자제력이 고객들에게 부끄러움을 일깨웠으리라.

이후 프랭클린은 일이 풀리지 않아서 짜증이 나고 화가 솟구칠 때마다 그 직원의 자제력과 침착함을 떠올리며 감정을 가라앉혔다. 그리고 앞으로는 일이 원하는 대로 잘 되리라며 스스로 위안하곤 했다. 실제로 일은 그가 말하고 바라는 대로 됐다.

자제력은 감정인 동시에 이성인 일종의 모순체다. 자제력이 없으면 감정이 행동을 지배하므로 그런 사람은 순식간에 감정의 노예로 전락한다. 반면에 자제력이 뛰어난 사람은 결정한 내용을 스스로 집행하고 목표에 반하는 욕망과 행위를 억제할 줄 안다. 다음은 자제력을 기르는 방법이다.

첫째, 깊이 생각하자. 충분히 생각하지 않으면 제대로 행동하기 어렵다. 여기서 말하는 충분한 생각이란 3단계를 거쳐야 한다. 우선 자신이 무엇을 원하고 원하지 않는지, 무엇을 해야 하고 해서는 안 되는지 깊이 생각한다. 그 후에는 문제를 해결할 방법을 떠올린다. 즉 할 수 없는 일을 어떻게 거부할지, 해야 할 일을 어떻게 할지 고려하는 과정이다. 마지막으로 이 일을 한다면 어떻게 될지, 또 하지 않는다면 어떻게 될지 예측해본다. 이상 3단계는 자제력을 강화하는 중요한 전제이자 생각 조절을 행동 조절로 이어가는 과정이다.

둘째, 제대로 된 목표를 세우자. 목표는 생각의 핵심이자 구체적 행동의 나침반이다. 제대로 된 목표를 세워야 생각이 바로 서고 정확한 방향으로 나아갈 수 있는 법이다. 그러므로 목표를 세울 때는 반드시 장기, 중기, 단기 목표로 세분화하고 각 계획을 유연하게 결합해야 한다. 그래야 계획을 실현하는 과정에서 혼란을 줄이고 우왕좌왕하지 않을 수 있다.

셋째, 시간을 관리하자. 인간은 공간과 시간 속에 사는 동물이다. 공간은 사람을 끌어안고 시간은 사람을 바꾼다. 일이 제대로 되지 않는 위인 중 상당수는 시간을 적절히 이용하지 못했기 때문이다.

할 일을 정했으면 구체적인 상황에 따라 계획과 일정을 만들어야 한다. 말은 쉽지만 막상 하려면 간단한 일이 아니다. 애초에 할 일을 정하는 데부터 어려움을 느끼는 사람이 많다. 이뿐만 아니라 언제 해야 할지, 얼마만큼 시간을 들여야 할지도 알 수 없어 당황하는 경우가 허다하다.

항상 시간과 일의 경중과 완급을 충분히 고려해야 한다. 유한한 시간을 적절히 관리하고 이용하면 자신에게 가장 좋은 변화를 불러올 수 있다.

넷째, 자율성을 높이자. 평소 자율성을 중요하게 여기며 제 의지에 따라 생각하고 행동하는 습관을 들이자. 기한을 정해놓고 성격의 단점이나 나쁜 습관을 고치기로 다짐하는 식이다. 이렇게 하면 다른 사람이 시켜서 하는 일보다 훨씬 효과적이고 좋은 결과를 낼 수 있다.

자신에게 너무 관대해서도, 매사에 핑계를 찾으려고 해서도 안 된다. 거꾸로 자기 자신을 엄격하게 대하며 점검하고 단속해야 한다. 이렇게 이어가다 보면 자율성이 습관과 방식으로 자리 잡아 인격과 지혜도 함께 나아질 것이다.

나는
누구인가

하버드는 신입생들이 자기인식과 자아정립 계획을 확정하도록 이끈다. 학생들이 자의식의 중요성을 배우고 행복과 성공의 핵심을 깨닫게 하기 위해서다. 하버드 학생들 대부분이 졸업 후 각자의 영역에서 뛰어난 면모를 보이는 까닭도 여기에 있다. 명확한 자기인식과 자아정립을 완성한 덕이다.

에드워드 워스라는 노숙자가 있었다. 한 가지 특이한 부분은 발명가 토머스 에디슨과 함께 일하기를 줄곧 꿈꿨다는 점이다. 에디슨의 회사에 찾아간 그는 창구 직원에게 에디슨과 일하러 왔다고 다짜고짜 말했다. 직원들은 막무가내로 밀어붙이는 당당함에 웃음을 참지 못했다.

하지만 워스는 절대 포기하지 않았다. 이야기를 들은 에디슨은 그에게 청소와 시선 수리를 맡기라고 지시했다. 10여 년간 에디슨의 회사에서 일한 워스는 어느 날 우연히 영업사원들이 새로운 발명품을 두고 불평하는 말을 들었다. 그 발명품은 소형 녹음기였다. 회사 사람들 대부분은 녹음기 같은 물건이 팔릴 리 없다고 생각했다. "비서가 있는데 왜 이런 걸 쓰겠어?" 이때 워스가 나섰다. "제가 하죠! 제가 그 녹음기를 팔 수 있습니다!"

이날 이후 워스는 청소부를 그만두고 영업사원이 됐다. 그는 한 달간 뉴욕 시내를 샅샅이 돌아다니며 녹음기 7대를 팔았다. 얼마 후 그는 전국 판촉 기획안을 가지고 에디슨의 사무실을 찾았다. 그리고 마침내 오랫동안 꿈꾸던 목표를 이뤘다. 소형 녹음기 판매담당자로서 에디슨과 일하게 된 것이다!

워스는 청소부로 출근하기 시작하면서부터 자신이 에디슨과 함께 일한다고 생각했다. 그러므로 위대한 발명가의 동업자로서 세상을 바라보고 모든 문제를 다뤘다. 녹음기 판매담당자로 에디슨과 정식으로 일하기 전부터 이미 자기 신분과 위치를 정립한 셈이다. 워스는 줄곧 눈에 띄지 않는 작은 일을 했지만 머릿속에서는 이미 성공한 사업가였다.

자아정립은 인생에서 가장 중요한 기초 과제다. 모든 사람은 자기 장단점을 알아야 하고, 가장 잘하거나 못하는 일이 무엇인지 파악해야 한다. 자아정립이 안 된 사람은 자기 내면은커녕 장단점조차 파악하지 못하기 때문에 현실에서 동떨어진 생각만 한다. 종종 경박하고 거만한 마음가짐으로 세상을 대하는 탓에 곳곳에서 부딪히는 일이 많다. 자신을 명확히 이해해 제대로 자아를 정립하고 싶다면 다음 방법부터 시작해보자.

첫째, 자신을 제삼자의 눈으로 바라보자. 모든 사람이 제삼자의 눈으로 자신을 바라본다면 세상 모든 편견이 사라지지 않을까? 제삼자의 눈으로 문제를 바라보며 일하거나 처세하는 방식을 다시금 살핀다면 훨씬 이성적인 판단을 내릴 수 있다.

둘째, 상황을 정확히 파악하자. 진정으로 자신을 아는 사람은 극소수에 불과하다. 사람들 대다수는 자기 장점, 단점, 흥미, 기질, 성격을 정확하게 알거나 이해하지 못한다. 주제를 모르고 거만하게 굴거나 자기비하에 빠져 움츠러든 채 사는 사람이 많은 이유다. 이 문제를 해결하려면 자기가 처한 상황을 정확하게 파악하고 분수에 맞게 객관적으로 평가해야 한다.

셋째, 개인적 요소를 배제하자. 흥미, 취미, 전공, 고생한 경험 같은 요소가 자신을 드러낸다고 생각하는 사람이 많다. 심지어 이런 요소를 갖춰야 순조롭게 성공을 거두고 사람들에게 찬사받을 수 있다고 생각한다. 그러나 이런 식의 자아정립은 내면을 드러내지 못하며, 피상적인 일에만 눈을 둔 결과에 불과하다.

넷째, 계획과 전략을 조정하자. 우리는 시시각각 변하는 정보화 시대에 살고 있다. 환경과 조건이 끊임없이 변하면서 확정할 수 없는 각종 요소를 만들고 모든 사물이 놀라운 속도로 발전한다.

그러니 우리 생각도 이를 따라야 한다. 객관적인 시각으로 전략
과 계획을 조정하고 목표를 더욱 구체화하자.

재능을 뛰어넘는
끈기의 힘

하버드를 졸업하자마자 정치계에 입성한 시어도어 루스벨트는 권력의 최고봉에 도달하고 다음과 같이 회포를 풀었다. "한 사람이 평범한 삶에서 두드러지게 만드는 소질은 천재성이 아닙니다. 교육수준은 더더욱 아니고요. 그 소질은 바로 꾸준함입니다. 꾸준하기만 하면 모든 일이 가능하고, 꾸준하지 않으면 가장 쉬운 목표조차 이루지 못합니다." 그의 성공법칙은 곧 하버드의 교훈이라 해도 무방하다. 다른 모든 요소를 갖춰도 꾸준하지 않으면 아무것도 할 수 없다. 꾸준한 사람만이 성공할 기회를 얻는다.

말콤 글래드웰은 자메이카 흑인 노예와 백인 농장주의 후손이다. 캐나다에서 태어난 그는 토론토대학을 졸업하자마자 언론계에 뛰어들어 각고의 노력 끝에 〈뉴요커〉 기고 작가가 됐다. 세상의 인습을 날카롭게 짚어낸 그의 저서 세 권은 연이어 베스트셀러가 됐다. 그중 하나인 《아웃라이어》에는 성공과 천재성에 관한 독특한 견해가 잘 드러난다.

글래드웰은 천부적인 재능과 풍부한 지식도 물론 중요하지만 평범한 실천 경험을 많이 쌓는 게 성공에 빨리 다가가는 방법이라고 주장했다. 예컨대 빌 게이츠가 성공한 건 컴퓨터 프로그램을 설계하는 데 긴 시간을 투자한 덕분이다. 실제로 그는 마이크로소프트를 세우기 전 프로그램 개발에만 1만 시간 넘게 투자했다고 전해진다. 비틀즈가 전 세계에서 사랑받은 계기는 우연히 초대받은 독일 함부르크에서 펼친 공연이었다. 당시 그들은 일주일간 매일 밤 5시간씩 공연하면서 자신들의 음악을 세계에 알렸다.

글래드웰은 성공이란 개인의 지능 수준이 만드는 필연적 결과가 아니라고 주장했다. 성공이란 다른 여러 요소가 종합돼 작용하고 유리한 조건이 차곡차곡 쌓인 결과라고 봤다. 실제로 IQ가 아주 높지만 다른 요소가 부족해 평범한 삶을 사는 사람도 많다. 미국 미주리주 시골 마을 마구간에서 일하는 한 인부는 IQ가 무려 195다. 참고로 아인슈타인의 IQ가 150이다. 그러나 성장환경에서 그 누구도, 어떤 요소도 그가 천재성을 발휘하도록 돕지 않았다. 그 스스로도 자기 능력을 드러내려고 노력하지 않았다. 그래서 그토록 높은 지능을 타고났으면서도 평범한 삶을 살 수밖에 없었다.

글래드웰은 모든 이에게 두루 통하는 성공 비법, '1만 시간의 법칙'을 제시했다. 이는 어떤 영역에서 성공하려면 천재성과 무관하게 1만 시간을 들여 연습하고 실천해야 한다는 뜻이다. 10년간 일주일에 20시간씩 꾸준히 노력하며 뼈를 깎는 고통을 견뎌야만 자기 분야에서 성공할 수 있다.

1만 시간의 법칙은 미국에서 큰 반향을 일으켰다. 당시 미국 사회에는 온갖 천재들의 성공신화가 넘쳐났기 때문이다. 이런 상황에서 1만 시간의 법칙은 천재들이 쓴 신화에 매료된 사람들의 경각심을 일깨웠다. 그리고 그들이 다시 도전할 힘과 용기를 불러일으켰다.

하늘을 나는 아름다운 나비를 본 적 있는가? 고치를 찢고 나오는 끈기와 노력이 없었다면 그 아름다운 모습은 세상에 나오지 못했을 것이다. 높은 산봉우리에 오른 적 있는가? 묵묵히 끝까지 오르지 않았다면 정상을 밟고 세상을 내려다보는 성취감을 누리지 못했을 것이다. 세상 모든 성공은 쉽게 거머쥘 수 없다. 오랜 시간 단련하고 꾸준히 노력하지 않은 사람은 결코 성공의 최고봉에 올라서지 못한다. 물론 사람들에게 선망받을 수도 없다. 무슨 일이든 꾸준히만 한다면 더 많은 성공 기회를 얻을 수 있다. 마지막으로 아래와 같이 실천하자.

첫째, 굳은 결심을 품고 적극적으로 행동하자. 열심히 달려가다가 느닷없이 나태해지는 순간은 누구에게나 찾아온다. 성공을 향한 욕망과 진취성을 처음부터 끝까지 최고조로 올리고 싶나면 굳은 결심으로 자아를 초월하고 스스로 단련하는 법을 배워야 한다.

둘째, 목표 수준을 높이자. 목표가 너무 작아도 이루기 힘들다. 믿기 어렵겠지만 아무리 간절히 바라더라도 목표가 너무 평이하거나 모호하면 도중에 전진할 힘을 잃고 멈추는 경우가 많다. 지금 세운 목표가 의욕과 상상력을 자극하지 못한다면 애써 이루기 어렵다. 스스로 독려해 앞으로 나아가고자 한다면 좀 더 원대한 목표를 세우자.

셋째, 확고한 성공 신념을 품자. 신념은 가장 강인한 힘이다. 신념이 부족하면 타격을 입기 쉽다. 삶이 어떤 방향으로 나아갈지는 그 사람에게 어떤 신념이 있는지에 따라 결정된다. 모든 성공은 작은 신념에서 시작한다. 일단 신념이 생기면 무궁무진한 역량을 발휘할 수 있다. 마음에 품은 신념이 명확해야만 더 오랫동안 꾸준히 나아갈 수 있다.

넷째, 좋은 습관을 기르자. 습관은 일종의 힘 조절 장치다. 좋은 습관은 당신이 행동과 생각의 궤적에 맞춰 잠재능력을 깨우고 성공을 향해 전진하도록 이끈다. 좋은 습관은 성공에 꼭 필요한 능력을 발휘하도록 돕지만 나쁜 습관은 능력을 기르기는커녕 서서히 좀먹을 뿐이다. 평소에 일과 생활에서 좋은 습관을 기른다면 신념을 지키며 꿈을 좇는 데 큰 도움이 될 것이다.

다섯째, 당근과 채찍을 활용하자. 더 나은 자아를 만드는 과정에서 일탈을 경험하게 될지도 모른다. 처음에는 별것 아닐 수도 있지만 곧장 고치거나 적절하게 처리하지 않으면 점차 그 정도가 심해지므로 조심해야 한다.

이런 이유로 꿈을 향해 노력하는 과정에는 자기 자신을 위한 당근과 채찍이 꼭 필요하다. 다시 말해 어떤 목표를 달성하면 자신에게 보상을 주고 달성하지 못하면 벌칙을 받는 식이다. 당근과 채찍 요법을 꾸준히 따르면 오래도록 분투하고 노력하는 좋은 습관이 몸에 밴다.

옮긴이 **송은진**

한국외국어대학교, 중국 복단대학교에서 공부했다. 번역 에이전시 엔터스코리아에서 출판기획 및 중국어 전문 번역가로 일한다. 옮긴 책으로 《하버드 스트레스 수업》,《당신의 1분은 얼마인가》,《모두에게 좋은 사람일 수 없다》,《하버드 협상 강의》,《하버드 마케팅 강의》 등이 있다.

나쁜 감정의 법칙

초판 1쇄 인쇄 2024년 3월 5일
초판 1쇄 발행 2024년 3월 10일

지은이 | 쉬셴장
옮긴이 | 송은진

발행인 | 유영준
편집팀 | 한주희, 권민지, 임찬규
디자인 | 김윤남
인쇄 | 두성P&L
발행처 | 와이즈맵
출판신고 | 제2017-000130호(2017년 1월 11일)

주소 | 서울 강남구 봉은사로16길 14, 나우빌딩 4층 쉐어원오피스(우편번호 06124)
전화 | (02)554-2948
팩스 | (02)554-2949
홈페이지 | www.wisemap.co.kr

ISBN 979-11-89328-73-3 (03180)